Hernandes Dias Lopes

COLOSSENSES
A suprema grandeza de Cristo, o cabeça da Igreja

© 2008 por Hernandes Dias Lopes

Revisão
Andrea Filatro
João Guimarães

Adaptação de capa
Atis Design

Adaptação gráfica
Atis Design

1ª edição - Junho de 2008
9ª Reimpressão - Julho de 2019
10ª Reimpressão - Março de 2020

Gerente editorial
Juan Carlos Martinez

Coordenador de produção
Mauro W. Terrengui

Impressão e acabamento
Imprensa da Fé

Todos os direitos desta edição reservados para:
Editora Hagnos
Av. Jacinto Júlio, 27
04815-160- São Paulo - SP - Tel (11)5668-5668
hagnos@hagnos.com.br - www.hagnos.com.br

Dados Internacionais de Catalogação na Publicação (CIP)
(Câmara Brasileira do Livro, SP, Brasil)

Lopes, Hernandes Dias -
Colossenses: a suprema grandeza de Cristo; Hernandes Dias Lopes -
São Paulo, SP: Hagnos 2008. (Comentários expositivos Hagnos)

ISBN 978-85-7742-030-8

1. Bíblia N.T. Colossenses - Comentários 2. Bíblia N.T. Colossenses - Crítica e interpretação 3. Jesus Cristo - Pessoa e missão 4. Oração 5. Relações interpessoais 6. Vida cristã I. Título

08-03424   CDD-227.706

Índices para catálogo sistemático:
1. Colossenses: Carta de Paulo: Novo Testamento
Bíblia: Interpretação e crítica   227.706

Dedicatória

DEDICO ESTE LIVRO aos meus preciosos amigos e irmãos em Cristo, Josué Pereira Vasconcelos Filho, Ruteney Pinto Vasconcelos Moreira e Denise Pinto Vasconcelos. Esses três irmãos ficaram órfãos de pai e mãe ainda muito jovens, mas triunfaram na vida, venceram obstáculos e permanecem firmes na fé, demonstrando que a semente bendita da Palavra de Deus que seus pais plantaram no coração de cada um deles continua produzindo frutos preciosos para a glória do Salvador.

Sumário

Prefácio	7
1. Uma introdução à carta aos Colossenses	11
2. O poder transformador do evangelho *(Cl 1.1-8)*	33
3. O poder através da oração *(Cl 1.9-12)*	51
4. A magnífica obra de Cristo *(Cl 1.13-17)*	69
5. As excelências da pessoa e da obra de Cristo *(Cl 1.18-23)*	89
6. As marcas do ministério de Paulo *(Cl 1.24—2.1-3)*	107
7. A igreja verdadeira sob ataque *(Cl 2.4-15)*	123
8. A ameaça do engano religioso *(Cl 2.16-23)*	141
9. As evidências de uma verdadeira conversão *(Cl 3.1-11)*	159

10. Evidências da verdadeira santificação　　　　　177
    (Cl 3.12-17)

11. Relações humanas na família e no trabalho　　197
    (Cl 3.18– 4.1)

12. Busque as primeiras coisas primeiro　　　　　215
    (Cl 4.2-18)

Prefácio

É COM GRANDE SATISFAÇÃO que recebi o convite para prefaciar esta obra, apesar de me sentir muito aquém de fazê-lo. Conheço o autor, sua vida, sua dedicação, sua humildade, seu amor e carinho pastoral por longos anos de convivência na Primeira Igreja Presbiteriana de Vitória/IPB. As marcas do seu ministério têm sido as de um zeloso estudioso e hábil expositor, uma união de dedicada exegese com competente homilética, o que o leitor poderá perceber nesta obra que é talhada pela interação e vivência de suas exposições bíblico-doutrinárias, todas as quartas-feiras, na igreja, com o seu rebanho.

A expectativa que podemos ter de semelhante obra está diretamente ligada ao perfil e formação do autor. O reverendo Hernandes dispensa maiores comentários além dos já mencionados, mas será digno de nota destacar o que compõe o cabedal do seu conteúdo bíblico-doutrinário, que tem norteado a produção de seus vários livros.

Antes de tudo, o reverendo Hernandes se identifica com as linhas mestras do cristianismo bíblico-reformado. Traduzindo melhor o que isso significa, perceberemos reverência e zelo pelo primeiro ponto reformado, o SOLA SCRIPTURA, ou seja, a noção de que a Bíblia é a autoridade máxima para conduzir a Igreja de Jesus nos assuntos de doutrina, culto e vida. O reverendo Hernandes crê na Inspiração Divina das Sagradas Letras, crê na Infalibilidade e também na Inerrância dos textos sagrados, pois como bem disse o pastor Brian Schertley:

> Antes de examinarmos as muitas passagens bíblicas e doutrinas que ensinam claramente que a Bíblia é a Palavra infalível, inspirada de Deus, deveria ser notado que o cristianismo se ergue ou cai na inerrância bíblica [*O modernismo e a inerrância bíblica*, 2000, Os Puritanos, p. 19].

Não haverá espaço para lançar sombras de dúvida sobre o texto sagrado, antes, percebemos aqui um esforço esmerado de extrair da carta aos Colossenses o significado correto dos ensinos bíblicos, seguidos de uma bem-sucedida aplicação para nossa vida.

Outra marca que veremos será um destaque cuidadoso com as doutrinas da graça, o SOLA GRATIA, pois o amado pastor conduzirá os leitores a perceber a beleza da misericórdia de Deus expressa em Seus atos salvadores em prol da humanidade. A fé viva e genuína, SOLA FIDE, sempre é bem trabalhada nos comentários do pastor Hernandes, não como uma ferramenta que faz de Deus um servo do homem, mas como aquela confiança que Deus requer do homem e que implica crer corretamente em tudo o que diz respeito a Deus.

A pessoa de Jesus é devidamente enaltecida, o que demonstra o compromisso com o SOLUS CHRISTUS. Esse é o ponto alto da explanação, visto que tudo o que se entende por cristianismo depende de como se crê a respeito de Jesus.

Esse tema foi alvo de uma pergunta de Jesus aos Seus apóstolos "... Quem diz o povo ser o Filho do homem?" (Mt 16.13b), "Quem dizem os homens que sou eu?" (Mc 8.27b), "Quem dizem as multidões que sou eu?" (Lc 9.18). O mais confortador diante dessas perguntas é saber que o próprio Jesus nos dá a pista para responder ao que Ele pergunta, e com um prêmio inestimável: "Quem crer em mim, como diz a Escritura, do seu interior fluirão rios de água viva" (Jo 8.38). Quanto ao que foi dito, o reverendo Hernandes não dissertará sobre um "cristo" alheio e estranho às Sagradas Escrituras.

O último ponto basilar que norteia as obras do autor e, conseqüentemente, o comentário aos Colossenses, é o seu compromisso em devolver todo mérito a quem é de direito, o SOLI DEO GLORIA. Não será uma leitura com o intuito de enaltecer outro a não ser a Trindade Excelsa; ao Pai, ao Filho e ao Espírito Santo. Isso conduzirá a Igreja de Cristo ao seu fim último e principal, que é glorificar a Deus e, por fim, no Reino Eterno de Jesus, gozar das delícias indizíveis da plena comunhão com Deus.

Aos caros leitores, minhas recomendações para a leitura desta obra. Que Deus os alcance com as súplicas do apóstolo

Paulo: "... que transbordeis de pleno conhecimento da sua vontade, em toda a sabedoria e entendimento espiritual" (Cl 1.9b).

Eldi Lopes de Faria Júnior
Presbítero da Primeira Igreja Presbiteriana de Vitória/ IPB

Capítulo 1

Uma introdução à carta aos Colossenses

A CARTA DE PAULO aos colossenses é o maior tratado cristológico do Novo Testamento. Warren Wiersbe chega a dizer que alguns estudiosos da Bíblia acreditam que Colossenses seja a epístola mais profunda que Paulo escreveu.[1]

A mensagem de Colossenses é desesperadoramente necessária para a Igreja contemporânea. Vivemos num tempo de tolerância com o erro e de intolerância com a verdade. Ao mesmo tempo em que as heresias se aninham confortavelmente na Igreja, embaladas nos braços da tolerância e do sincretismo religioso, a verdade é atacada com rigor excessivo.

Mais do que nunca, estudar Colossenses é oportuno e necessário, uma vez que testemunhamos um ressurgimento vigoroso de obras insolentes atacando o nosso bendito Deus e Salvador Jesus Cristo. Homens pervertidos, réprobos quanto à fé, com empáfia e arrogância drapejam suas bandeiras e disparam suas armas de grosso calibre tentando desacreditar e até ridicularizar o nascimento virginal de Cristo, Sua morte vicária, Sua ressurreição corporal e Sua santidade imaculada. A doutrina de Cristo sempre agitou o inferno e muitos opositores têm se levantado contra ela. Porém, todo aquele que se levanta contra o Filho de Deus será reduzido a pó, pois ninguém pode lutar contra o Eterno e prevalecer. Esta carta é uma resposta a esses críticos de plantão.

A Igreja vive num mundo hostil. Muitas vezes, ela é influenciada e até seduzida pela cultura secular que a circunda. Filosofias anticristãs surgem todos os dias conspirando contra o cristianismo. Homens arrogantes, arrotando uma falaciosa sapiência, escarnecem das Sagradas Escrituras e rotulam os cristãos de pré-históricos. Constantemente, os inimigos da fé evangélica fazem troar sua voz arrogante, dizendo que agora descobriram um fato novo que irá desacreditar a Palavra de Deus. Ela, porém, marcha resoluta e sobranceira, vitoriosa e impávida, contra todos esses ataques. A Bíblia tem saído vitoriosa dos ataques mais perversos, das fogueiras mais intolerantes. A voz dos críticos se cala. Suas obras cobrem-se de poeira, mas a Palavra de Deus prospera gloriosamente. Na verdade, a Bíblia é a bigorna de Deus que tem quebrado todos os martelos dos críticos.

Como a Igreja deve se posicionar nesse mundo tão virulento? Como enfrentar as antigas e novas heresias que surgem no mercado da fé? Como dar respostas aos lobos com dentes afiados e aos lobos disfarçados com peles de cordeiro? O estudo desta carta nos oferece a resposta!

Estou convencido de que esta carta é absolutamente pertinente e necessária para a Igreja contemporânea por algumas razões:

Porque a doutrina de Cristo tem sido atacada ao longo dos séculos. Nos primeiros séculos da era cristã, muitos e acirrados debates foram feitos em torno da doutrina de Cristo. Por acreditarem que a matéria era essencialmente má, os gnósticos diziam: se Jesus Cristo é Deus não pode ser humano; se Ele é humano não pode ser Deus. O arianismo pregava que Jesus não era co-igual, coeterno e consubstancial com o Pai. Hoje, a doutrina de Cristo está sendo bombardeada com rigor desmesurado. Livros e mais livros são despejados no mercado literário tentando desacreditar o bendito Filho de Deus. Uns negam Sua divindade; outros negam Sua humanidade. Há aqueles que atacam Sua impecabilidade.

Porque a doutrina da criação tem sido atacada com grande virulência. A carta de Paulo aos colossenses acentua a verdade primária do cristianismo, de que o universo não é resultado de uma geração espontânea, nem de uma explosão cósmica, muito menos de uma evolução de bilhões e bilhões de anos. Antes, o mundo visível e invisível é obra da criação de Deus, por meio de Cristo. Richard Dawkins, o patrono do ateísmo, escreveu um livro abusado, intitulado *Deus, um delírio*. Esse autor insolente tenta reduzir o Deus soberano, criador e sustentador da vida, a apenas um delírio de mentes fracas. Mas Dawkins é quem delira! A ordem não pode ser produto da desordem. Uma explosão cósmica jamais poderia produzir códigos de vida, assim como as areias de um oceano jamais poderiam construir por si mesmas um relógio. O criacionismo não é apenas um artigo de fé (Hb 11.6), mas também uma verdade científica! Francis Collins, no seu livro, *A linguagem de Deus*, tenta conciliar o cristianismo com o darwinismo evolucionista. Esses teóricos que se abastecem nas fontes rotas dos teólogos liberais negam a literalidade do relato da criação conforme registrada em Gênesis 1 e 2. O relato da criação no livro de Gênesis não é mitológico, mas literal. Negar essa verdade incontroversa é desprezar a inerrância e a infalibilidade das Escrituras. A doutrina da criação está presente em toda a Escritura. E Paulo a reafirma de modo eloqüente nesta carta aos Colossenses (1.16).

Porque a doutrina da redenção tem sido atacada com incansável persistência. Os falsos mestres, como lobos vorazes, sempre se infiltraram na Igreja e outras serpentes peçonhentas permanecem do lado de fora destilando seu veneno mortal. A idéia de que o homem pode chegar a Deus pelos seus esforços, méritos, esoterismo e sincretismo, sem o sacrifício expiatório de Cristo, não é apenas enganosa, mas também satânica. É uma falsa humildade acreditar que o homem pode chegar até Deus por meio de seus esforços. O príncipe dos pregadores no século 19, Charles Haddon Spurgeon, dizia que é mais fácil ensinar um leão a ser vegetariano do que um homem ser salvo pelos seus próprios esforços.

Porque a doutrina da santificação tem sido atacada por várias idéias equivocadas. Não faltam idéias erradas e falsas acerca do estilo de vida que pode agradar a Deus. Paulo escreve a carta aos colossenses para corrigir esses desvios como o gnosticismo, o misticismo, o legalismo e o ascetismo.

Vamos, agora, considerar alguns pontos na introdução do estudo desta carta.

A cidade de Colossos

William Hendriksen diz que ninguém sabe exatamente quando foi fundada a cidade de Colossos. O que sabemos é que no tempo de Xerxes essa cidade já era uma comunidade florescente. Heródoto, considerado o pai da História, por volta do ano 480 a.C., a descreve como uma grande cidade.[2] A cidade de Colossos, porém, caminhou da glória para o esquecimento. Fez uma viagem descendente da riqueza à pobreza, da grandeza à insignificância.

É maravilhoso o fato de que uma epístola tão importante como Colossenses fosse enviada a uma igreja tão pequena, situada numa cidade tão insignificante. O que pode parecer pequeno aos olhos dos homens, com freqüência, é grande e importante aos olhos de Deus.[3]

Vamos destacar cinco aspectos dessa cidade.

Em primeiro lugar, *Colossos era uma cidade que vivia das glórias do passado.* A cidade de Colossos ficava a 160 km de Éfeso, a capital da província da Ásia Menor. Colossos era uma das mais importantes cidades frígias do passado. Era uma cidade famosa e opulenta. Como dissemos, Heródoto e Xenofonte já conheciam Colossos como cidade grande e rica.[4] Plínio a cita entre as "mais afamadas cidades" da Ásia Menor.[5]

Situada no vale do rio Lico, Colossos ficava numa das regiões mais férteis do mundo, onde pastagens luxuriantes hospedavam muitos rebanhos. Era um grande centro de tecelagem, no qual se fabricavam as melhores lãs do mundo. Werner de Boor diz que a fertilidade do vale dos rios Lico e Meandro, o tráfego comercial muito ativo e uma florescente tecelagem geravam prosperidade e despertavam o espírito comercial e empresarial.[6] Sua população consistia de nativos locais (frígios), gregos e judeus.

Em segundo lugar, *Colossos era uma cidade abalada por tragédias naturais*. A fértil região da bacia do rio Lico era uma região vulcânica, abalada freqüentemente por intensos terremotos.

O historiador Estrabo, já no começo da era cristã, a descreveu como uma pequena cidade[7] e também a definiu com o adjetivo *euseistos*, que significa "bom para terremotos".[8] Esses abalos sísmicos eram devastadores. A cidade foi sacudida várias vezes por terremotos e não conseguiu recompor-se. Sua glória foi abalada, e suas riquezas foram arrastadas pelas correntezas dessas tragédias naturais.

O forte e enorme terremoto da época do imperador romano Nero, por volta de 60 d.C., deixou em ruínas as cidades de Colossos, Laodicéia e Hierápolis. Enquanto as outras duas cidades foram reconstruídas, Colossos não se recuperou mais dessa catástrofe. Quando Paulo escreveu esta carta, a importância comercial e social de Colossos já estava em declínio. Aos poucos, Colossos desapareceu da história.[9] William Hendriksen descreve bem essa decadência de Colossos:

> O vale do Lico pertenceu ao Império Romano desde 133 a.C. Porém, durante os séculos 7 e 8 d.C., foi invadido pelos sarracenos. Por esse tempo também, a cidade ficou deserta. Um terremoto foi provavelmente um dos outros contribuintes. Os habitantes se mudaram para Chonas (mais tarde a cidade de Honaz), um pouco ao sul, ao sopé do monte Cadmus. No século 12, a cidade de Colossos desapareceu completamente.[10]

Em terceiro lugar, *Colossos era uma cidade que perdera sua importância pela projeção das outras cidades do vale do Lico*. A região onde estava plantada a grande cidade de Colossos (1.2) abrigava mais duas importantes cidades: Laodicéia

(2.1; 4.13-16) e Hierápolis (4.13). Originalmente cidades frígias, agora faziam parte da província romana da Ásia Menor. Hoje, essa região fica situada na Turquia asiática.[11] Essas três cidades encontravam-se quase à vista uma da outra. Hierápolis e Laodicéia estavam cada uma do lado do vale, com o rio Lico passando pelo meio; só distavam uma da outra uns 10 km. Colossos, a terceira cidade, se estendia dos dois lados do rio, a uns 16 km rio acima.[12]

Laodicéia era um grande centro médico e bancário, uma região riquíssima em ouro e também um dos mais importantes pólos da indústria têxtil daquela época. Laodicéia era o lar dos milionários. Na cidade havia teatros, um estádio e um ginásio equipado com banhos. Era a cidade dos banqueiros e de transações comerciais.[13] Essa cidade jactava-se de ser rica e de não ter necessidade alguma (Ap 3.17). Após ter sido devastada pelo terremoto no ano 60 d.C., foi reconstruída sem nenhuma ajuda externa. Hierápolis, por sua vez, era a cidade-saúde, com suas fontes termais, onde pessoas do mundo inteiro vinham buscar fontes quentes para banhos terapêuticos.

Essas duas cidades cresciam na mesma proporção em que Colossos recuava em sua importância. Donald Guthrie diz que Colossos ficou apagada pela importância das cidades vizinhas de Laodicéia e Hierápolis.[14] Tanto Laodicéia quanto Hierápolis reergueram-se das cinzas após o avassalador terremoto do ano 60 d.C., porém Colossos não se recuperou. Ainda hoje, é possível ver os sinais da riqueza de Laodicéia e Hierápolis, através das ruínas de seus grandes monumentos, mas não existe nenhum vestígio da cidade de Colossos. Sua glória ficou enterrada num passado distante. Lightfoot diz que Colossos era a igreja menos importante à qual qualquer epístola de Paulo é endereçada.[15]

Em quarto lugar, *Colossos era uma cidade povoada por uma grande colônia de judeus*. A região frígia do vale do rio Lico foi densamente povoada pelos judeus. Cerca de duas mil famílias judias haviam sido deportadas da Babilônia e Mesopotâmia para essa região, por decreto de Antíoco, o grande, no século quarto a.C. Esses judeus floresceram financeiramente nessa região e cresceram em número. William Barclay diz que nesse tempo deviam existir cerca de cinqüenta mil judeus nessa região.[16]

O legalismo judeu, associado à filosofia grega, foi um dos graves problemas que se infiltraram na igreja de Colossos. Ralph Martin diz que as sinagogas daquela região do vale do Lico tinham uma reputação de frouxidão e abertura para a especulação que vinha do mundo helenista. O judaísmo de livre pensamento associou-se às idéias especulativas das religiões de mistério e produziram uma heresia perniciosa que estava atacando a Igreja.[17]

Em quinto lugar, *Colossos era um canteiro fértil para o paganismo sincrético*. Ralph Martin diz que o cenário religioso na Frígia era eminentemente pagão. Florescia ali o culto a Cibele, a grande deusa-mãe da Ásia. Todos os frígios a adoravam. A Frígia era o centro do culto a Cibele. Esse culto era originalmente um rito da natureza vinculado com costumes da fertilidade e levava a alegria e êxtase excessivos. Essa deusa recebia sacrifícios oferecidos com alegria barulhenta e extática.

Práticas ascéticas também faziam parte desta religião. As referências paulinas ao rigor ascético (2.23) e à circuncisão (2.11) podem ser também uma referência aos ritos de iniciação e às práticas da mutilação, familiares nesse culto. Colossos era um centro cultural e um canteiro fértil no qual esse sincretismo pagão facilmente floresceu.[18]

A igreja de Colossos

Os colossenses podem ter ouvido sobre o evangelho pela primeira vez durante o ministério de Paulo em Éfeso (At 19.10), embora os judeus frígios devam ter levado o evangelho para lá logo após o Pentecoste (At 2.10).[19]

Destacamos alguns pontos sobre a igreja de Colossos:

Em primeiro lugar, *o fundador da igreja de Colossos*. A igreja de Colossos não foi fundada pelo apóstolo Paulo. Ele nem sequer chegou a visitar aquela igreja (1.4; 2.1). Esta é a única igreja que recebeu uma carta de Paulo sem o ter conhecido pessoalmente. Não obstante, o plantio da igreja se fez sob a direção do apóstolo por volta do ano 54 a 56 d.C.

Paulo passou três anos na cidade de Éfeso, a capital da Ásia Menor. Desse grande centro, o evangelho espalhou-se por toda a província da Ásia, e a Palavra de Deus alcançou horizontes mais amplos do que aqueles percorridos pelo apóstolo dos gentios. Paulo não foi a Colossos, mas a Palavra de Deus chegou até lá através de Epafras, que fundou a igreja.

Há consenso entre os estudiosos de que Epafras foi o fundador e o pastor da igreja (1.6; 4.12). Ele era natural da cidade (4.12), servo de Cristo (4.12) e companheiro de prisão do apóstolo Paulo (Fm 23). Era, igualmente, obreiro dedicado nas outras congregações do vale do Lico (4.13). Talvez Epafras se tenha convertido ao cristianismo em Éfeso, por meio do apóstolo. Paulo o chama de "amado conservo" (1.7). As igrejas das cidades vizinhas de Colossos, a saber, Laodicéia e Hierápolis, provavelmente também foram fundadas e pastoreadas por Epafras (4.13).

Quando Paulo estava na prisão, em Roma, Epafras levou notícias ao apóstolo acerca do amor dos colossenses por ele, dando-lhe um relatório sobre o excelente estado da igreja (1.3). Depois, Epafras também o avisou a respeito das graves ameaças à igreja por meio de heresias que haviam penetrado no grupo de cristãos de Colossos.[20]

Em segundo lugar, *os amigos de Paulo na igreja de Colossos*. Paulo não foi à cidade, mas tinha grande influência sobre a igreja de Colossos. Havia naquela igreja algumas pessoas estratégicas que mantinham profunda ligação com o apóstolo Paulo. Que pessoas eram essas?

Filemom. Este era um homem rico, filho na fé do apóstolo Paulo, em cuja casa se reunia a igreja (4.9; 4.12; 4.17; Fm 2,10,16,23). Os estudiosos defendem a tese de que Filemom era casado com Ápia e pai de Arquipo.[21] Nesse tempo Arquipo era o pastor da igreja (4.17). Sua família era piedosa e comprometida com a causa de Cristo. Sua casa era um santuário no qual os cristãos se reuniam para adorar a Deus.

Onésimo. Este era um escravo de Filemom que fugiu para Roma e lá foi preso (4.9; Fm 11). Na cadeia encontrou Paulo, que o levou a Cristo. Tornou-se um filho amado e cooperador do apóstolo Paulo. Paulo o devolveu a Filemom, recomendando a este que o recebesse não mais como um escravo, mas como um irmão amado e um novo membro da igreja (Fm 16,17).

Em terceiro lugar, *a vitalidade espiritual da igreja de Colossos*. Quando Paulo enviou esta carta à igreja, a cidade de Colossos já não era um grande centro urbano. Suas glórias tinham ficado no passado. Colossos era uma cidade pequena, pobre e sem relevância no contexto econômico.

Paulo, como missionário estrategista, concentrava-se nos grandes centros, mas jamais se esquecia das regiões menores. O evangelho deve ser levado aos grandes centros urbanos e também às pequenas cidades, vilas e regiões rurais.

Aquela igreja, mesmo não tendo sido plantada pelo apóstolo, mesmo situada numa cidade pequena e pobre, possuía uma fé robusta, um amor profundo e uma esperança viva (1.3-8). A grandeza de uma igreja não está na beleza do seu templo, na quantidade de seus membros nem mesmo na robustez do seu orçamento financeiro, mas no seu profundo compromisso com Deus e com os homens.

Em quarto lugar, *a igreja estava sendo ameaçada pela chamada "heresia de Colossos"*. A igreja de Colossos era formada, na sua maioria, de pessoas egressas do paganismo (1.21). Também faziam parte dessa igreja aqueles que procediam do judaísmo. Dessa mistura surgiu uma heresia, que ficou conhecida como "a heresia de Colossos". Descobrir a natureza dessa heresia é um dos grandes problemas na investigação do Novo Testamento, diz William Barclay.[22]

Ralph Martin afirma que a igreja de Colossos estava sendo exposta a um falso ensino que Paulo considerava uma negação do evangelho que Epafras lhes trouxera. Esta carta é uma resposta vigorosa de Paulo diante da notícia do ensino estranho que estava sendo inculcado em Colossos. Esta é uma carta eminentemente apologética.[23]

Segundo Donald Guthrie, a heresia de Colossos era um sincretismo Judaico-Gnóstico.[24] Nessa mesma trilha, Russell Shedd explica que essa heresia era uma mistura ou apanhado de elementos judaicos e gnósticos.[25] Tal heresia era uma espécie de mistura do legalismo judaico com o gnosticismo, uma filosofia pagã. Bruce Barton corretamente aponta que o sistema filosófico do gnosticismo ensinava que a salvação podia ser obtida através do conhecimento, em vez da fé. Esse "conhecimento" era esotérico e somente poderia ser adquirido por aqueles que tinham sido iniciados nos mistérios do sistema gnóstico.[26]

Warren Wiersbe destaca que os gnósticos se viam como "conhecedores" das verdades profundas de Deus. Eles se consideravam uma espécie de aristocracia espiritual, que por meio do conhecimento esotérico alcançavam a perfeição.[27]

Os gnósticos vangloriavam-se de possuir uma sabedoria muito mais profunda do que aquela revelada nas Sagradas Escrituras, uma sabedoria que era propriedade de alguns favorecidos.

O ponto nevrálgico da heresia gnóstica é que eles pensavam que a matéria em si fosse essencialmente má, razão pela qual Deus sendo santo, não poderia criar o universo. Os anjos, diziam eles, eram os criadores da matéria. Um Deus puro não tinha comunicação direta com o homem pecador, mas se comunicava com ele por meio de uma cadeia de anjos intermediários, que formavam quase uma escada da terra ao céu.

Os gnósticos diziam que é impossível que aquele que é essencialmente santo possa ter comunhão com aquele que é essencialmente mau. Há um abismo infinito entre os dois, e um não pode ter intimidade nem contato com o outro. A heresia então teve de inventar meios pelos quais este abismo fosse suplantado, e o Deus essencialmente santo pudesse entrar em comunhão com o estado essencialmente mau do homem. O que se podia fazer? A heresia diz que do Deus essencialmente santo emanou um ser um pouco menos santo, e que deste segundo ser santo emanou um terceiro ainda menos santo, e deste terceiro um quarto e assim por diante, com um enfraquecimento cada vez maior, até que apareceu um (Jesus) que estava tão despojado de divindade e tão semelhante ao homem, que podia entrar em contato com ele.[28]

Russell Shedd corretamente afirma que, enquanto o gnosticismo colocou a matéria em oposição a Deus, a encarnação traz o Deus transcendente para dentro da nossa humanidade. Não é a matéria, em oposição a Deus, o antagonismo fundamental; mas ela é o meio pelo qual Deus se revela no corpo de Cristo. Não é a matéria o obstáculo ao progresso, mas o veículo pelo qual Deus nos salva por meio da cruz e do túmulo vazio.[29]

A heresia de Colossos tinha também elementos da astrologia. A palavra "rudimentos" em Colossenses 2.8 é o termo grego *stoiqueia,* que significa "ensinos elementares", bem como "espíritos elementares",[30] especialmente os espíritos dos astros e planetas. O mundo antigo estava dominado pelo pensamento da influência dos astros sobre os homens. Eles acreditavam que os homens estavam sob o poder e a influência desses astros. Na filosofia helenista, os anjos ou seres celestiais estavam estreitamente associados às estrelas ou a forças demoníacas e irracionais que controlam a vida humana na terra.

É nesse contexto que Paulo fala do culto aos anjos como parte de um aparato da veneração prestada a estes poderes astrais. Havia a necessidade de aplacar tais espíritos e vencê-los ao procurar a proteção de uma divindade mais forte. A astrologia oferecia aos homens um conhecimento secreto que os livraria de sua escravidão a esses espíritos elementares do mundo. Eles, assim, ensinavam a necessidade de algo mais além de Jesus. Essa heresia atacava a suficiência plena e a supremacia única de Cristo, diz William Barclay.[31]

Nessa mesma linha de raciocínio, Silas Alves Falcão destaca que, entre os erros que se espalhavam entre os colossenses, estava o particularmente supersticioso culto aos anjos, pelos quais os adeptos esperavam alcançar uma ciência mais profunda e uma perfeição mais alta que aquelas prometidas pelo evangelho. Entravam em contato com os espíritos celestes por meio de visões e se dispunham para isso, por meio de certos ritos de penitências corporais, jejuns e abstinências.[32]

Paulo escreve a carta aos colossenses para repelir todas as sugestões no sentido de que esses "anjos" seriam dignos de reverência porque, como forças demoníacas, foram derrotadas e neutralizadas por Cristo na Sua cruz (2.15).[33]

Ralph Martin nesse mesmo viés afirma que no entendimento desses falsos mestres a plenitude de Deus era distribuída por uma série de emanações do divino, estendendo-se do céu até a terra. Estes "eões" ou rebentos da divindade deviam ser venerados e homenageados como "espíritos elementares", anjos ou deuses, que habitavam as estrelas. No entendimento desses falsos mestres, esses "eões" regiam o destino dos homens e controlavam a vida humana, detendo em seu poder a entrada no reino divino. Eles entendiam que Cristo era apenas um deles, mas apenas um entre muitos.[34]

De igual forma, essa heresia dava muita importância ao poder dos espíritos demoníacos. O mundo antigo cria nesses poderes. Para eles, o ar estava impregnado de tais poderes malignos. Cada força natural – o vento, o trovão, o raio, a chuva – tinha seus diretores demoníacos. Cada lugar, cada árvore, cada rio, cada lago, tinha seu espírito. O mundo antigo estava obcecado pela idéia dos demônios. Evidentemente, os falsos mestres colossenses diziam que se requeria algo mais que Cristo para derrotar o poder demoníaco; que Jesus Cristo não era suficiente para tratar com eles e que precisava da ajuda de outro conhecimento e poder.[35]

A heresia de Colossos tinha um viés filosófico (2.8). Estava infiltrada pelo legalismo (2.16), pelo ascetismo (2.16, 21), pelo antinomismo (3.5-8) e pelo culto aos anjos (2.18). Segundo Werner de Boor, o gnosticismo se definia como filosofia (Cl 2.8). Dizia-se que o cristão estaria cada vez mais perto da perfeição pelo cumprimento de preceitos ascéticos, pela obtenção de visões e intuições divinas, pela audição de "vozes interiores" (1.9,28; 2.10,16,18,21,23; 3.5,14; 4.12).[36]

O gnosticismo não pretendia de forma alguma romper com Cristo. Ele tentava unir a filosofia pagã com a fé cristã para oferecer uma santidade superior através de um conhecimento superior. O gnosticismo era uma semente híbrida, uma mistura perigosa, uma heresia mortal. Eles negavam a suficiência de Cristo. Para eles, a morte de Cristo deveria ser complementada com algo mais. De acordo com Warren Wiersbe, esses falsos mestres declaram não estar negando a fé cristã, mas sim elevando o seu nível.[37] Russell Champlin diz que essa heresia foi tão devastadora que oito livros do Novo Testamento foram escritos para combatê-la: Colossenses, 1 e 2Timóteo, Tito, 1, 2, 3João e Judas.[38]

O apóstolo Paulo refuta essa heresia, afirmando que Jesus é o criador do mundo visível e invisível, inclusive dos anjos. Sem perder Sua santidade, Ele se encarnou, e Nele habita corporalmente toda a plenitude da divindade. Ele é o sustentador do universo e o redentor da humanidade. De maneira magistral, o apóstolo Paulo refuta a heresia de Colossos e reafirma a preeminência de Cristo. Ele é o primeiro na natureza, na Igreja, na ressurreição, na ascensão e na glorificação. Ele é o único Mediador, Salvador e Fonte da Vida.[39] O apóstolo Paulo ensina que aquele que crê em Cristo e vive Nele não precisa de sabedoria mundana nem de filosofia falaciosa. Porque em Cristo "estão ocultos todos os tesouros da sabedoria e do conhecimento" (2.3). Paulo afirma peremptoriamente que todos os poderes cósmicos dependem do Cristo preexistente que enche totalmente o universo e não deixa lugar para agentes concorrentes, visto terem sido derrotados por Ele e serem subservientes a Ele. Somente Cristo dá significado ao universo. Nele tudo subsiste (1.17); portanto, somente Ele dá relevância e propósito à vida (2.10).[40]

A carta à igreja de Colossos

Destacamos alguns pontos:

Em primeiro lugar, *o remetente da carta*. A maioria dos eruditos aceita a autoria paulina desta carta.[41] A autoridade externa é ampla e satisfatória. Os testemunhos externos são unânimes a favor da origem paulina. Ditos testemunhos remontam até Justino, o Mártir, Policarpo e Inácio.[42] Depois de passar três anos em Éfeso, Paulo foi preso em Jerusalém e ficou mais dois anos detido em Cesaréia. De lá, navegou para Roma, onde ficou preso numa casa alugada, sob custódia do imperador Nero. Dessa primeira prisão em Roma, Paulo escreveu várias cartas como Efésios, Filipenses, Colossenses e Filemom.

Nesse tempo, Aristarco, Onésimo e o evangelista Marcos também estavam presos com Paulo. Em Roma, encontrava-se nessa ocasião Lucas, o médico amado. Tíquico também estava com Paulo na prisão e era seu amanuense. Foi nesse tempo que Paulo recebeu a visita de Epafras, o evangelista que fundou as três igrejas do vale do Lico, relatando a ele a firmeza da igreja e ao mesmo tempo o surgimento da heresia judaico-gnóstica que ameaçava a sua saúde espiritual.[43]

Em segundo lugar, *o destinatário da carta*. Esta carta foi endereçada à igreja de Colossos. Essa igreja, mesmo não tendo sido fundada pelo apóstolo, mantinha uma profunda ligação com ele. Ela reconhecia a autoridade apostólica de Paulo e acolhia seus ensinos.

Em terceiro lugar, *o portador da carta*. Tíquico era um antigo e leal companheiro de Paulo, natural da Ásia Menor, mencionado várias vezes em todo o Novo Testamento (At 20.4; Ef 6.21; Cl 4.7; 2Tm 4.12; Tt 3.12). Tíquico foi incumbido pelo apóstolo de conduzir Onésimo até o lar de Filemom em Colossos (4.9) e também de levar esta carta aos cristãos de Colossos (4.7,8). Tíquico é comissionado para levar também as notícias da experiência do apóstolo na prisão e para trazer algum encorajamento à igreja de Colossos acerca da detenção do seu líder, Epafras.

Em quarto lugar, *a singularidade da carta*. Henrietta Mears diz que as cartas de Efésios e Colossenses foram escritas mais ou menos na mesma época, enquanto Paulo era prisioneiro em Roma. As duas cartas contêm grandes doutrinas do Evangelho e foram escritas para serem lidas em voz alta nas igrejas. São muito parecidas em seu estilo, mas bastante diferentes em sua ênfase. Efésios fala de todos os cristãos, chamando-os de "o corpo de Cristo"; Colossenses fala do "cabeça" do corpo, Jesus Cristo. Em Efésios, a Igreja de Cristo é o tema central; em Colossenses, salienta-se o Cristo da Igreja. Ambos os temas são necessários. Não pode haver corpo sem cabeça, nem cabeça sem corpo. Note que por todo o livro de Colossenses é Cristo, Cristo, Cristo.[44] G. G. Findlay nessa mesma linha de pensamento diz que essas duas cartas, Efésios e Colossenses, são gêmeas, pois nasceram juntas na mente do mesmo escritor.[45]

Em quinto lugar, *o propósito da carta*. A carta de Paulo aos colossenses tinha dois propósitos fundamentais:

a. Elogiar os cristãos pelo crescimento espiritual (1.3-8). Paulo era um pastor com profunda sensibilidade. Ele conhecia a importância do encorajamento. Ele não desperdiçava oportunidades de elogiar as pessoas e encorajá-las a prosseguir firmes na fé.

b. Alertar os cristãos sobre o perigo das heresias (2.8-23). Paulo escreve para prevenir a Igreja sobre o perigo da heresia. O misticismo sincrético, o legalismo e o ascetismo estavam sendo introduzidos na Igreja e pervertendo a sã doutrina. Os falsos mestres diziam que apenas a fé em Cristo não era suficiente para a salvação. Essa heresia atacava a fé a partir de seus fundamentos. Ainda hoje, a suficiência da obra de Cristo e a das Escrituras é negada até mesmo em círculos chamados evangélicos.

A heresia de Colossos afetava seriamente tanto a doutrina como a ética cristã.[46] A heresia sempre tem um poder mortal. Aonde ela chega, destrói a igreja. Que doutrinas foram atingidas pela heresia de Colossos?

1. A doutrina da criação – Se Deus é espírito e eternamente bom, não poderia ter criado a matéria essencialmente má. Conseqüentemente, Deus não é o criador do mundo, diziam os gnósticos. As emanações de Deus é que criaram o mundo, segundo esses falsos mestres.

2. A doutrina da encarnação de Cristo – Se a matéria é essencialmente má e Jesus Cristo é o Filho de Deus, então este não teve um corpo de carne e ossos, diziam esses hereges. Para os gnósticos, Jesus Cristo era uma espécie de fantasma espiritual. Eles chegavam a afirmar que, quando Jesus caminhava por uma praia, não deixava rastro na areia. Desta forma, os gnósticos negavam tanto a divindade quanto a humanidade de Cristo.

3. A doutrina da santificação – A teologia sempre desemboca na ética. Os que dizem: "Não me importo com o que você acredita, desde que viva corretamente" não

raciocinam com lógica. As convicções determinam o comportamento. Doutrinas erradas geram um modo de vida errado, afirma Warren Wiersbe.[47] A heresia sempre leva à perversão. Os gnósticos diziam: Se a matéria é má, logo nosso corpo é mau. E se nosso corpo é mau, devemos adotar uma de duas atitudes: afligi-lo, caindo nas malhas do ascetismo, ou ignorá-lo, caindo na teia da licenciosidade.

NOTAS DO CAPÍTULO 1

[1] WIERSBE, Warren W. *Comentário bíblico expositivo*. Vol. 6. Santo André: Geográfica, 2006, p. 137.
[2] HENDRIKSEN, William. *Colosenses y Filemon*. Grand Rapids, MI: Tell, 1982, p. 20.
[3] HENDRIKSEN, William. *Colosenses y Filemon*, p. 23.
[4] MARTIN, Ralph P. *Colossenses e Filemom: introdução e comentário*. São Paulo: Vida Nova, 1984, p. 13.
[5] BOOR, Werner de. *Carta aos Efésios, Filipenses e Colossenses*. Curitiba: Esperança.1996, p. 273.
[6] BOOR, Werner de *Carta aos Efésios, Filipenses e Colossenses*, p. 273.
[7] MARTIN, Ralph P. *Colossenses e Filemom*, p. 14.
[8] BARCLAY, William. *Filipenses, Colosenses, I y II Tesalonicenses*. Buenos Aires: Editorial La Aurora, 1973, p. 99.
[9] BOOR, Werner de. *Carta aos Efésios, Filipenses e Colossenses*, p. 273.

[10] HENDRIKSEN, William. *Colosenses y Filemon.* p. 24.
[11] HENDRIKSEN, William. *Colosenses y Filemon,* p. 14.
[12] BARCLAY, William. *Filipenses, Colosenses, I y II Tesalonicenses.* p. 99.
[13] HENDRIKSEN, William. *Más que Vencedores.* Grand Rapids, MI: Baker Book House, 1965, p. 86.
[14] GUTHRIE, Donald. *New Testament Introduction.* Downers Grove, IL: Intervarsity Press. 1990, p. 564.
[15] LIGHTFOOT, J. B. *St Paul's Epistles to the Colossians and Philemon.* Londres: Logos Research Systems, 1879, p. 16.
[16] BARCLAY, William. *Filipenses, Colosenses, I y II Tesalonicenses,* p. 101.
[17] MARTIN, Ralph P. *Colossenses e Filemom,* p. 29,30.
[18] MARTIN, Ralph P. *Colossenses e Filemom,* p. 15,16.
[19] ELWELL, Walter A. e YARBROUGH. Robert W. *Descobrindo o Novo Testamento.* São Paulo: Cultura Cristã. 2002, p. 316,317.
[20] BOOR, Werner de. *Efésios, Filipenses e Colossenses.* 1996, p. 273.
[21] HENDRIKSEN, William. *Colosenses y Filemon.* p. 26.
[22] BARCLAY, William. *Filipenses, Colosenses, I y II Tesalonicenses,* p. 103.
[23] MARTIN, Ralph P. *Colossenses e Filemom,* p. 19.
[24] GUTHRIE, Donald. *New Testament Introduction,* p. 569.
[25] SHEDD, Russell. *Andai nele.* São Paulo: ABU, 1979, p. 8.
[26] BARTON, Bruce B. *et al. Life application bible commentary on Philippians, Colossians and Philemon.* Wheaton, IL: Tyndale House Pushers, 1995, p. 133.
[27] WIERSBE, Warren W. *Comentário bíblico expositivo,* p. 134.
[28] PEARLMAN, Myer. *Através da Bíblia.* São Paulo: Vida, 1987, p. 281,282.
[29] SHEDD, Russell. *Andai nele,* p. 10.
[30] GUTHRIE, Donald. *New Testament Introduction,* p. 568.
[31] BARCLAY, William. *Filipenses, Colosenses, I y II Tesalonicenses,* p. 103,104.
[32] FALCÃO. Silas Alves. *Meditações em Colossenses.* Rio de Janeiro: Casa Publicadora Batista, 1957, p. 14,15.
[33] MARTIN, Ralph P. *Colossenses e Filemom,* p. 26.
[34] MARTIN, Ralph P. *Colossenses e Filemom,* p. 20.
[35] BARCLAY, William. *Filipenses, Colosenses, I y II Tesalonicenses,* p. 104.
[36] BOOR, Werner de. *Efésios, Filipenses e Colossenses.* 1996, p. 274.

[37] WIERSBE, Warren W. *Comentário bíblico expositivo*, p. 135.
[38] CHAMPLIN, Russell Norman. *O Novo Testamento interpretado versículo por versículo*. Vol. 5. Guaratinguetá: A Voz da Bíblia, s/d, p. 72.
[39] PEARLMAN, Myer. *Através da Bíblia*. 1987, p. 282.
[40] MARTIN, Ralph P. *Colossenses e Filemom*, p. 25.
[41] GUTHRIE, Donald. *New Testament introduction*, p. 572.
[42] DARGAN, Edwin C. *Comentário expositivo sobre El Nuevo Testamento*. Editado por Alvah Rovey. El Paso, TX: Casa Bautista de Publicaciones, 1973, p. 404.
[43] SHEDD, Russell. *Andai nele*, p. 7.
[44] MEARS. Henrietta C. *Estudo panorâmico da Bíblia*. São Paulo: Vida, 1982, p. 449.
[45] FINDLAY. G. G. *The pulpit commentary*. Vol. 20. Grand Rapids, MI: Wm. B. Eerdmans Publishing Company, 1978, p. IV.
[46] BARCLAY, William. *Filipenses, Colosenses, I y II Tesalonicenses*, p. 106.
[47] WIERSBE, Warren W. *Comentário bíblico expositivo*, p. 137.

Capítulo 2

O poder transformador do evangelho
(Cl 1.1-8)

NENHUMA FORÇA NO MUNDO é mais poderosa do que o evangelho.

O evangelho nasceu no coração de Deus, e não no coração do homem; procede do céu, e não da terra; foi concebido na eternidade, e não no tempo. O evangelho é o poder de Deus para a salvação de todo aquele que crê (Rm 1.16). O evangelho é a dinamite de Deus que explode as pedreiras mais rígidas e abre os corações mais duros. Aonde chega, vidas são transformadas, famílias são salvas, cidades são reerguidas das cinzas. Nenhuma força pode resistir ao evangelho. Nenhum exército pode deter o seu avanço. Nenhuma arma pode destruir o seu efeito. Nenhuma ideologia pode apagar sua influência. Em 1917, o comunismo entrou no mundo como uma das forças mais hostis ao cristianismo. Até a queda do muro de Berlim, em 1989, o comunismo abocanhou um terço da terra e matou mais cristãos do que em qualquer outro tempo da história. Apenas na China Mao Tse Tung liderou o massacre de sessenta milhões de pessoas. Mas o comunismo ateu está quase morto, e o cristianismo permanece mais vivo do que nunca. Com respeito ao cristianismo, podemos somar nossa voz ao cântico evangélico: "Ninguém detém, é obra santa!"

À guisa de introdução, destacamos três verdades gloriosas acerca do evangelho:

O evangelho não depende de homens; os homens é que dependem do evangelho. A igreja de Colossos não foi plantada por Paulo (1.4,7). O evangelho chegou ao vale do Lico sem a presença do grande apóstolo. O trabalho prosperou e cresceu, mesmo sem a presença do grande bandeirante do cristianismo. A obra de Deus não depende de homens; os homens é que dependem da obra de Deus. Hoje, estamos vendo com tristeza uma espécie de culto à personalidade, em que determinados figurões querem mais destaque do que o próprio evangelho. São obreiros cheios de vaidade, que amam os holofotes e gostam das luzes da ribalta. É preciso dizer em alto e bom som que Deus não precisa de estrelas para fazer Sua obra. Ele não divide Sua glória com ninguém.

O evangelho é que dá significado ao lugar, e não o lugar ao evangelho. A cidade de Colossos estava em franco declínio no tempo de Paulo. Laodicéia e Hierápolis, cidades vizinhas do vale do rio Lico, lançavam sombras nessa cidade, cujas glórias estavam plantadas num passado remoto. Não foi a cidade de Colossos que deu projeção ao evangelho, mas o evangelho que deu projeção a Colossos. O mundo inteiro conhece essa pequena cidade às margens do rio Lico por causa do evangelho.

O evangelho tem poder em si mesmo e não depende de nenhum elemento externo a ele. O evangelho é como uma semente que tem vida em si mesma (Mc 4.26-29). Aonde o evangelho chega, ele produz frutos. Aonde a Palavra de Deus é anunciada com fidelidade e poder, vidas são salvas e o reino de Deus se estabelece. O evangelho não precisa de nenhuma ajuda externa para produzir frutos. O próprio Espírito de Deus opera através dele para transformar vidas.

Destacaremos três pontos na análise do texto supracitado.

As credenciais de Paulo (1.1)

Paulo foi o maior evangelista, o maior missionário, o maior plantador de igrejas e o maior teólogo da Igreja primitiva. Ele escreveu treze dos 27 livros do Novo Testamento. Nenhum escritor do mundo é mais lido do que o apóstolo Paulo. Suas obras não são apenas belas e profundas, mas também inspiradas. Paulo não foi um alfaiate do efêmero, mas um escultor do eterno.

Tratando de suas credenciais, Paulo cita três fatos dignos de destaque.

Em primeiro lugar, *Paulo é um enviado de Cristo Jesus* (1.1). Paulo se apresenta à igreja de Colossos como apóstolo de Cristo Jesus. Mesmo não tendo sido o plantador daquela igreja nem o seu pastor, demonstra autoridade para orientá-la espiritualmente. Sua autoridade não procedia de títulos conquistados aos pés de Gamaliel, na monumental cidade de Jerusalém. Sua autoridade não decorria de seu vasto conhecimento nem mesmo de sua larga experiência como missionário nas províncias da Ásia, Acaia e Macedônia.

A palavra *apostolos* significa "aquele que é enviado".[48] O próprio Jesus apareceu para Paulo no caminho de Damasco e o convocou para essa sublime missão. Ele era um embaixador que falava e agia em nome de Deus. O direito que Paulo tem para falar está no fato de ter sido enviado por Jesus para ser embaixador entre os gentios.

Werner de Boor diz que a idéia principal do termo "apóstolo" é de autoridade atribuída. Não é apenas pensar e falar, mas agir com poder. Assim não nos deparamos com o ser humano Paulo e suas opiniões teológicas, mas com o procurador do Senhor Jesus e, portanto, em última análise, com o próprio Jesus. É o próprio Cristo quem fala à Igreja através de Paulo. O apostolado não é uma escolha pessoal, mas uma vocação divina. Conseqüentemente, alguém não pode "tornar-se" apóstolo da mesma maneira pela qual nos "tornamos" médicos, comerciantes ou engenheiros.[49]

Bruce Barton salienta que, pelo fato de Paulo não ter sido um dos doze apóstolos chamados por Cristo no começo do Seu ministério, algumas pessoas duvidavam de suas credenciais, ainda que o próprio Jesus tenha aparecido para ele e o comissionado (At 9.1-6; 26.12-18). Jesus o comissionou para um trabalho especial: "... este é para mim um instrumento escolhido para levar o meu nome perante os gentios e reis, bem como perante os filhos de Israel" (At 9.15). Paulo não escolheu o apostolado; ele foi escolhido.[50]

Russel Shedd diz que "apóstolo" é um mensageiro, um agente autorizado, com os direitos de um procurador. Um homem enviado é equivalente àquele que o enviou. Falsos apóstolos, condenados por Paulo (2Co 11.3) e por Cristo

(Ap 2.2), são homens que agem por conta própria, sem essa autorização.[51] Aqueles que hoje se auto-intitulam apóstolos estão agindo em desacordo com o ensino das Escrituras. Não temos hoje mais apóstolos como aqueles do Novo Testamento. Hoje Deus não revela mais mensagens novas para a Igreja. Hoje temos a Palavra de Deus, e ela está completa. Ela é inerrante, infalível e suficiente.

Em segundo lugar, *Paulo trabalha em sintonia com Deus* (1.1). Paulo é apóstolo "por vontade de Deus". William Hendriksen diz que Paulo alcançou seu apostolado não por aspiração (At 9.11), nem por usurpação, tampouco por nomeação da parte de homens (Gl 1.1,16,17), mas por divina vocação (Gl 1.15,16).[52] Muitos falsos obreiros se levantavam e arrogavam para si o título de apóstolo, pervertendo, assim, a sã doutrina e desencaminhando as ovelhas de Cristo. Eram lobos devoradores, obreiros fraudulentos, pastores de si mesmos e não do rebanho (At 20.29,30). O ofício de apóstolo não é algo que se ganha por mérito ou se conquista, mas algo que se recebe de Deus; não se assume, é algo de que se é investido.[53]

Em terceiro lugar, *Paulo trabalha em sintonia com os irmãos* (1.1). Paulo não seguia uma carreira solo. Ele sempre foi acompanhado por colaboradores. O apóstolo escreve: "Paulo, apóstolo de Cristo Jesus, por vontade de Deus, e o irmão Timóteo" (1.1). Timóteo é cooperador de Paulo e está junto dele quando esta carta é remetida à igreja de Colossos. Embora Paulo fosse o único escritor da carta, faz questão de citar Timóteo como um irmão que participa dos seus mesmos propósitos. É importante ressaltar que Timóteo não é citado como o pregador, o mestre, o teólogo, o administrador, mas como o irmão.[54] Somente nas cartas aos Romanos e aos Efésios é que Paulo se coloca sozinho diante da igreja. Em todas as demais cartas ele anuncia pelo menos mais um irmão a seu lado.⁵⁵

Quem era Timóteo? Era jovem, tímido e doente. Nascido em Listra, era filho de pai grego e mãe judia. Aprendeu as sagradas letras desde a infância por intermédio de sua mãe Eunice e de sua avó Lóide. Conheceu a Paulo na sua primeira viagem missionária, quando o apóstolo o ganhou para Cristo. Na segunda viagem missionária, Timóteo já tinha bom testemunho em Listra e nas cidades vizinhas. A partir daí, esse jovem passou a acompanhar Paulo em suas viagens e tornou-se seu cooperador. Paulo menciona Timóteo em outras cartas do Novo Testamento, como 1 e 2Coríntios, Filipenses, 1 e 2Tessalonicenses e Filemom. Paulo também escreveu duas cartas a Timóteo.⁵⁶

Há muitos tipos de relacionamentos na vida. Há relacionamentos entre membros da família, empregadores e empregados, professores e estudantes, médicos e pacientes, comerciantes e consumidores, ministros e paroquianos. Todos os relacionamentos são importantes, mas nenhum é tão essencial como o relacionamento da fraternidade cristã. Quando nos relacionamos como irmãos em Cristo, não há espaço para sentimento de superioridade, orgulho, arrogância, criticismo, murmuração, julgamento, censura, inveja ou divisões.

As credenciais da igreja de Colossos (1.2-5)

A igreja de Colossos, embora plantada numa cidade sem projeção e sendo provavelmente uma congregação pequena, experimentou grandes milagres e exerceu notória influência na região. Destacaremos alguns pontos.

Em primeiro lugar, *os cristãos deixaram o paganismo e se consagraram exclusivamente a Deus* (1.2). Paulo os chama de "santos". A palavra grega *hagioi* significa "diferente", "separado", "dedicado exclusivamente a Deus". O termo *santo* passou a significar possessão e uso exclusivos de Deus.[57] Os santos são aqueles que foram separados por Deus para glorificá-lo.[58] Essa palavra de forma alguma sugere um grupo especial de pessoas que são canonizadas e beatificadas. A canonização não tem poder de transformar uma pessoa em alguém santo. Essa concepção romana é estranha ao ensino do Novo Testamento.

Os colossenses foram arrancados das entranhas de um tosco paganismo. Viviam na mais repugnante idolatria. Eles eram politeístas e serviam a muitos deuses. Porém, quando se converteram a Cristo, tornaram-se santos. Foram separados por Deus e para Deus, a fim de viverem em novidade de vida.

Em segundo lugar, *os cristãos deixaram os ídolos e creram unicamente em Cristo Jesus* (1.2). Os cristãos de Colossos eram não apenas santos, mas também fiéis em Cristo. Todos os santos são fiéis, e os fiéis são santos. Russell Shedd diz que a palavra *fiéis* se refere aos que crêem; não há, no grego, distinção entre quem crê e quem é fiel.[59] Eles foram separados por Deus para crer em Cristo e, porque creram em Cristo, foram separados para Deus. Eles deixaram seus ídolos e depositaram sua confiança exclusivamente na Pessoa e na obra de Cristo.

Werner de Boor diz que apesar do deserto de idolatria, superstição, incredulidade e insensatez, também existem em Colossos pessoas com fé clara em Jesus. Isso era motivo de gratidão para Paulo toda vez que ele orava pela igreja.[60]

Silas Falcão declara que o evangelho que não produz fé em Jesus Cristo é espúrio, "é outro evangelho". Jesus Cristo é o centro do evangelho. Sua encarnação, Sua vida, Sua morte, Sua ressurreição, Sua ascensão e Sua segunda vinda constituem a essência do evangelho (1Co 15.1-8).[61]

Em terceiro lugar, *os cristãos deixaram a total falência espiritual e receberam as ricas bênçãos divinas* (1.2). Os colossenses viviam mergulhados no pântano profundo do desespero e da condenação. Marchavam céleres para uma inexorável condenação eterna. Porém, ao se converter a Cristo, receberam da parte de Deus *graça* e *paz*. A graça é um dom imerecido, e a paz é o fruto da reconciliação com Deus por meio do sangue da cruz. Quando do coração paterno do Deus vivo jorra sobre nós o fluxo vivo da Sua graça, bebemos a largos sorvos também da Sua paz.

O homem pecador não pode atrair o favor de Deus nem merecer Sua aprovação. Deus é muito elevado e santo, e o homem é muito decadente e depravado. O homem é imperfeito e Deus é perfeito, portanto o homem não pode esperar nada de Deus além do justo castigo que seus pecados merecem. O homem tem se posicionado contra Deus de muitas maneiras: tem rejeitado, rebelado, ignorado, negligenciado, amaldiçoado, desobedecido, negado e questionado a Deus. O homem não merece nada da parte de Deus, exceto julgamento e condenação. Mas Deus, de forma incompreensível, surpreendente e graciosa, dá ao homem Seu favor, perdoando seus pecados e oferecendo-lhe vida eterna. Isso é graça!

Em quarto lugar, *os cristãos passaram a ter dois endereços distintos* (1.2). Os cristãos a quem Paulo envia esta carta eram santos e fiéis irmãos *em Cristo* que se encontravam *em Colossos*. Eles estavam *em* Cristo e *em* Colossos. Tinham dois endereços: uma morada celestial e outra terrena. Era uma igreja terrena formada de gente que tem nome, endereço, sonhos, problemas, aflições, ataques, perseguições e perigos.

E também era uma igreja espiritual que vivia assentada com Cristo nas regiões celestiais, acima de todo principado e potestade. Eram cidadãos tanto do céu como da terra. Eles habitavam em Colossos, mas também estavam enxertados em Cristo.

William Barclay corrobora esse pensamento, declarando:

> Os cristãos estão em Colossos e em Cristo. O cristão se move sempre em duas esferas. Encontra-se em um lugar: é um povo, uma sociedade que se estabelece neste mundo; mas também está em Cristo. O cristão vive em duas dimensões. Porque vive neste mundo envolve-se nos negócios daqui. Porém, por outro lado, e, sobretudo, vive em Cristo. Neste mundo pode mover-se de um lugar para outro, estar aqui hoje e amanhã ali, mas, não importa onde esteja, sempre estará em Cristo.[62]

Werner de Boor, na mesma linha de pensamento, afirma que os destinatários desta carta se encontravam "em Colossos" e "em Cristo". Um é seu lugar de residência terreno, que poderia mudar facilmente em vista da freqüente migração no império mundial daquele tempo. O outro é seu "lugar" fundamental e permanente, que determina toda a sua existência. Porque assim como o mundo jaz basicamente "no maligno" (1Jo 5.19), toda igreja verdadeira jaz "em Cristo", independentemente de sua localização geográfica.[63]

Em quinto lugar, *os cristãos tinham relacionamentos certos com Deus e com os homens* (1.3,4). Paulo dá graças a Deus pelos cristãos de Colossos por causa de sua fé em Cristo e seu amor para com todos os santos. A fé os ligava a Deus; o amor os ligava aos homens.

Segundo Ralph Martin, a fé comprova sua realidade ao atuar pelo amor (Gl 5.6).[64] A fé e o amor são a essência do grande mandamento de Deus ao Seu povo: "Ora, o Seu mandamento é este: que creiamos em o nome de Seu

Filho, Jesus Cristo, e nos amemos uns aos outros, segundo o mandamento que nos ordenou" (1Jo 3.23).

O cristão é salvo pela fé, vive pela fé, vence pela fé e caminha de fé em fé. A fé em Cristo fala de um relacionamento vertical correto e o amor para com todos os santos fala de um relacionamento horizontal correto. Eles tinham relacionamento certo com Deus e com os homens.

Fé e amor são os dois aspectos da vida cristã. Ninguém pode considerar-se um cristão se não crer em Cristo e se não amar os irmãos. O cristão deve manifestar lealdade a Cristo e amor aos homens. A fé sem amor é ortodoxia morta; o amor sem a fé é sentimentalismo piegas. O cristão tem uma dupla lealdade: lealdade a Deus e lealdade aos homens.

William Barclay diz que a fé cristã não é só uma convicção da mente, mas também uma efusão do coração; não é só um pensamento correto, mas também uma conduta correta. A fé cristã e o amor aos homens são os dois grandes pilares da vida cristã.[65]

Em sexto lugar, *os cristãos deixaram a desesperança do paganismo para abraçar a esperança do evangelho* (1.5). Os que vivem sem Deus no mundo não têm esperança. Caminham para um abismo lôbrego e para a perdição eterna. Aqueles, porém, que se convertem a Cristo, recebem o penhor da herança agora e a promessa da posse plena e definitiva da herança na segunda vinda de Cristo.

A esperança cristã não é uma conjectura hipotética, mas uma certeza experimental. Sabemos que o nosso tesouro está no céu. A nossa herança está no céu. O nosso Salvador virá do céu e nós iremos morar com Ele eternamente no céu. Lá está a nossa esperança!

George Barlow fala de três aspectos desta esperança: Seu caráter – ela está preservada no *céu*. Ela é celestial e aponta para uma felicidade futura nos céus. Sua segurança – ela está *preservada* no céu. Essa herança imarcescível está guardada no cofre de Deus e esse tesouro não pode ser saqueado por ladrões nem comido por traças. Sua fonte – essa esperança é gerada pelo *evangelho*, a Palavra da verdade. Não se trata de palavras vazias, ou promessas vãs, nem de sonhos alucinados. Essa esperança tem um sólido fundamento.[66]

O fato de essa esperança estar preservada no mundo celestial somente pretende nos deixar seguros de que jamais poderemos perder esse bem da esperança, e que ele também não pode ser roubado de nós. Lá permanece mais seguro que jóias terrenas no mais seguro cofre do mundo (Mt 6.20; 1Pe 1.4).[67]

A esperança cristã é a certeza de que, apesar de cruzarmos aqui os vales sombrios, os desertos esbraseantes, os pântanos lodacentos, os caminhos estreitos e juncados de espinhos, o caminho de Deus é melhor e somente nele andamos em segurança e por meio dele chegamos à bem-aventurança eterna!

Paulo fala de uma esperança que está reservada no céu (1.5). Escrevendo aos coríntios, declara: "Se a nossa esperança em Cristo se limita apenas a esta vida, somos os mais infelizes de todos os homens" (1Co 15.19). O evangelho produz na alma do cristão a doce esperança do porvir, que o anima a lutar e a renunciar às aparentes vantagens deste mundo. Que esperança é essa? Paulo responde: "... Cristo Jesus é a nossa esperança" (1Tm 1.1); "Cristo em vós, a esperança da glória" (1.27). Cristo é a nossa esperança. Na Sua volta haverá a ressurreição do nosso corpo. A morte do nosso corpo não nos aniquila. Para o cristão, morrer é lucro, é bem-aventurança, é deixar o corpo e habitar com o Senhor, é partir para estar com Cristo, o que é incomparavelmente melhor. O cristão sabe que o seu lar não é aqui, que a sua pátria não está aqui, que a sua herança não é daqui e que o seu tesouro não está aqui.

Em sétimo lugar, *os cristãos deixaram a estagnação do pecado para cresceram na fé evangélica* (1.4-8). Os cristãos de Colossos não só creram, mas cresceram na fé. Warren Wiersbe fala sobre quatro estágios desse crescimento.[68]

a. Eles ouviram o evangelho (1.5b,7). Epafras era um cidadão de Colossos que foi evangelizado por Paulo. Epafras, agora, os evangeliza (1.7; 4.12,13). Epafras cumpriu o que Jesus disse para o gadareno: "Vai para os teus e anuncia-lhes quantas coisas o Senhor fez por ti" (Mc 5.19). O evangelho está centrado na pessoa de Cristo. O tema desta carta é a preeminência de Cristo. Os falsos mestres que invadiram a igreja de Colossos tentaram tirar Jesus Cristo de Seu lugar de preeminência; porém, colocar Cristo em outro lugar é o mesmo que destruir o evangelho. Foi Cristo quem morreu por nós e ressuscitou. A mensagem do evangelho não está centrada em uma filosofia, doutrina ou sistema religioso, mas sim em Jesus Cristo, o Filho de Deus.[69]

b. Eles creram em Cristo (1.4). Milhões de pessoas ouvem o evangelho, mas não crêem. Os que crêem, porém, recebem a vida eterna (Jo 3.14-18). Outros crêem em outro evangelho para a sua própria perdição. Outros ainda crêem na fé. Dizem: o importante é ter fé, o importante é crer. Mas não somos salvos pela fé na fé. Também não somos salvos por crer apenas numa fé de segunda mão. Warren Wiersbe narra a experiência do grande evangelista George Whitefield, quando certa feita evangelizava um homem.[70] Whitefield lhe perguntou:

– Em que você crê?

E o homem respondeu:

– Creio naquilo que minha igreja crê.

– E em que sua igreja crê? – perguntou o evangelista.
– Naquilo em que eu creio – respondeu o homem.
Whitefield fez outra tentativa e perguntou:
– E em que você e sua igreja crêem?
– Ora, cremos na mesma coisa! – replicou o homem de modo evasivo.

c. Eles foram instruídos e discipulados (1.7). Epafras não apenas levou aqueles cristãos a Cristo, mas também os instruiu. Hoje há cristãos que permanecem ignorantes das verdades elementares da fé. São cristãos imaturos, como bebês espirituais. Os recém-convertidos precisam ser discipulados. Da mesma forma que bebês recém-nascidos precisam de cuidado, carinho e proteção até serem capazes de cuidar de si mesmos, também o cristão recém-convertido precisa de discipulado.[71]

d. Eles se tornaram cristãos frutíferos (1.6,8). A Palavra de Deus é semente (Lc 8.11). Isso significa que ela tem vida em si mesma (Hb 4.12). Quando ela é semeada no coração das pessoas, produz fruto (Cl 1.6). Eles creram em Cristo e amaram os irmãos (1.4). Não podemos separar fé de amor. Não podemos separar a prova doutrinária da prova social, o lado vertical do lado horizontal da vida cristã. A igreja de Colossos manifestava em sua vida as três virtudes cardeais do cristianismo: amor, fé e esperança.

As credenciais do evangelho (1.5-8)

Nos versículos 5 a 8 encontra-se um sumário do evangelho.[72] Segundo William Barclay, o apóstolo nos fala sobre seis distintivos do evangelho aqui.[73]

Em primeiro lugar, *o evangelho é a boa notícia de Deus ao homem* (1.5). A melhor definição de *evangelho* é "a boa notícia de Deus ao homem". Apesar de o homem ser pecador,

Deus o amou com amor eterno. Apesar de o homem ser rebelde, Deus tomou a iniciativa de reconciliar-se com Ele. Apesar de o homem merecer a condenação eterna, Deus lhe ofereceu a vida eterna. O evangelho são as melhores notícias, procedentes da pessoa mais importante, acerca do assunto mais urgente, ele é dirigido às pessoas mais carentes.

Em segundo lugar, *o evangelho é a verdade* (1.5). Todas as religiões precedentes poderiam intitular-se "conjecturas sobre Deus". O evangelho de Cristo, porém, traz ao homem não conjecturas, mas a verdade absoluta sobre Deus. O evangelho não é uma lucubração da mente humana. Não é uma ponte construída da terra ao céu. Não é o homem buscando a Deus, mas Deus buscando o homem. Não é um plano engendrado pelo homem para chegar a Deus, mas o caminho seguro de Deus buscando o homem.

Warren Wiersbe afirma que muitas mensagens e idéias podem ser consideradas verdadeiras, mas somente a Palavra de Deus pode ser chamada de *verdade*.[74] Jesus é a verdade (Jo 14.6). Sua Palavra é a verdade (Jo 17.17). O evangelho é a verdade absoluta e invencível. O evangelho é indestrutível. Muitos pensadores levantam-se com empáfia, trovejando suas heresias, dizendo que suas idéias matariam o evangelho. Mas todas essas pretensas e tolas teorias caem no esquecimento, cobrem-se de pó, e a Palavra da Verdade caminha viva, sobranceira e vitoriosa.

Em terceiro lugar, *o evangelho é universal* (1.6). O evangelho é para todo o mundo (1.23). Não está limitado a alguma raça ou nação, nem a alguma classe ou condição social. O evangelho não é para um grupo de pessoas, nação, religião, denominação ou igreja particular. O evangelho é universal. Diferente do gnosticismo, o evangelho é para pobres e ricos, doutores e analfabetos, grandes e pequenos, homens e mulheres. A mensagem do evangelho não é elitista; está ao alcance de todos, sem exceção. O evangelho é supracultural, multirracial e intercontinental.

O evangelho saiu de Jerusalém para a Judéia e a Samaria, chegou a Antioquia, foi com Paulo para Chipre e a Galácia, a Macedônia, Atenas, Corinto, Éfeso, mas também alcançou terras às quais o próprio Paulo não o conseguiu levar: a capital do Império, Roma, e a cidadezinha de Colossos. Na verdade, onde o evangelho está, demonstra uma força irresistível, traz fruto e cresce gloriosamente.[75]

Em quarto lugar, *o evangelho está centrado na graça de Deus* (1.6b). O evangelho não é aquilo que o homem faz para Deus, mas aquilo que Deus fez pelo homem. O evangelho não está centrado na obra do homem para Deus, mas na obra de Deus para o homem. O evangelho não é a mensagem que Deus pede, mas que Deus oferece; não fala do que Deus exige do homem, mas do que Deus dá ao homem.[76]

A graça é manifestada quando Deus me dá o que eu não mereço. Não alcanço o favor de Deus por quem eu sou ou pelo que eu faço, mas por aquilo que Cristo fez por mim. A graça é um favor imerecido. Não a merecemos, mas precisamos dela!

Em quinto lugar, *o evangelho é produtivo* (1.6). O evangelho é uma força viva. Ele tem vida em si mesmo. Aonde chega, vidas são transformadas, famílias são salvas, cidades são restauradas e nações são impactadas. O evangelho transforma o pecador recalcitrante em santo e fiel em Cristo. Seu poder é irresistível. Sua obra é eficaz. A voz média do verbo grego *karpoforéo*, "dar fruto, frutificar", enfatiza que o evangelho produz fruto por si mesmo.[77]

Em sexto lugar, *o evangelho é para ser pregado e crido* (1.7,8). Foi Epafras quem levou o evangelho aos colossenses.

Deve haver um canal humano por meio do qual o evangelho possa chegar aos homens. Os que recebem o evangelho devem ser canais para levar o evangelho a outros. A mensagem do evangelho precisa ser pregada e crida. O método de Deus alcançar o mundo com o evangelho é a igreja. O propósito de Deus é o evangelho todo, por toda a igreja, a todo o mundo. William Barclay diz que nós, que recebemos o privilégio do evangelho, recebemos também a responsabilidade de transmiti-lo a outros.[78]

NOTAS DO CAPÍTULO 2

[48] BARCLAY, William. *Filipenses, Colosenses, I y II Tesalonicenses*, p. 110.
[49] BOOR, Werner de. *Carta aos Efésios, Filipenses e Colossenses*, p. 277,278
[50] BARTON, Bruce B. *et al. Life application bible commentary on Philippians, Colossians and Philemon*, p. 143.
[51] SHEDD, Russell. *Andai nele*, p. 13.
[52] HENDRIKSEN, William. *Colosenses y Filemon* p. 55.
[53] BARCLAY, William. *Filipenses, Colosenses, I y II Tesalonicenses*, p. 110.
[54] BARCLAY, William. *Filipenses, Colosenses, I y II Tesalonicenses*, p. 111.

55 BOOR, Werner de. *Carta aos Efésios, Filipenses e Colossenses*, p. 278.
56 BARTON, Bruce B. et al. *Life application bible commentary on Philippians, Colossians and Philemon*, p. 144.
57 SHEDD, Russell. *Andai nele*, p. 14.
58 HENDRIKSEN, William. *Colosenses y Filemon* p. 56.
59 SHEDD, Russell. *Andai nele*, p. 14.
60 BOOR, Werner de. *Carta aos Efésios, Filipenses e Colossenses*, p. 282.
61 FALCÃO, Silas Alves. *Meditações em Colossenses*, p. 19,20.
62 BARCLAY, William. *Filipenses, Colosenses, I y II Tesalonicenses*, p. 111.
63 BOOR, Werner de. *Carta aos Efésios, Filipenses e Colossenses*, p. 279.
64 MARTIN, Ralph P. *Colossenses e Filemom*, p. 58.
65 BARCLAY, William. *Filipenses, Colosenses, I y II Tesalonicenses*, p. 113.
66 BARLOW, George. *The preacher's complete homiletic commentaries*. Vol. 28. Grand Rapids, MI: Baker Books, 1996, p. 379.
67 BOOR, Werner de. *Carta aos Efésios, Filipenses e Colossenses*, p. 283.
68 WIERSBE, Warren W. *Comentário bíblico expositivo*, p. 138-143.
69 WIERSBE, Warren W. *Comentário bíblico expositivo*, p. 138.
70 WIERSBE, Warren W. *Comentário bíblico expositivo*, p. 140.
71 WIERSBE, Warren W. *Comentário bíblico expositivo*, p. 140.
72 BARCLAY, William. *Filipenses, Colosenses, I y II Tesalonicenses*, p. 114.
73 BARCLAY, William. *Filipenses, Colosenses, I y II Tesalonicenses*, p. 114,115.
74 WIERSBE, Warren W. *Comentário bíblico expositivo*, p. 139.
75 BOOR, Werner de. *Carta aos Efésios, Filipenses e Colossenses*, p. 284.
76 BARCLAY, William. *Filipenses, Colosenses, I y II Tesalonicenses*, p. 115.
77 RIENECKER, Fritz e ROGERS, Cleon. *Chave lingüística do Novo Testamento Grego*. São Paulo: Vida Nova, 1985, p. 418.
78 BARCLAY, William. *Filipenses, Colosenses, I y II Tesalonicenses*, p. 115.

Capítulo 3

O poder através da oração
(Cl 1.9-12)

PAULO ALCANÇOU O PONTO mais alto de sua teologia nas orações. Quando nos ajoelhamos, entendemos a majestade de Deus e a limitação humana. Um santo de joelhos enxerga mais longe do que um filósofo na ponta dos pés.

William Barclay diz que nesta passagem Paulo nos ensina mais sobre a essência da oração de petição que qualquer outra do Novo Testamento.[79] Destacamos, à guisa de introdução, quatro fatos:

A oração deve expressar nossas prioridades. Embora Paulo estivesse preso, algemado, no corredor da morte, na ante-sala do martírio, com o pé na sepultura e a cabeça próxima à guilhotina de Roma, ele não concentra sua oração nas urgentes necessidades físicas e materiais. Embora os cristãos de Colossos vivessem em pobreza e a escravidão estivesse em voga, Paulo não pede a Deus saúde, nem libertação nem mesmo prosperidade financeira. Ele concentra sua petição nas bênçãos espirituais, e não nas bênçãos materiais. Os assuntos da eternidade empolgam mais sua alma do que os assuntos terrenos e temporais. Concordamos com Warren Wiersbe: "As necessidades espirituais são imensamente mais importantes do que as necessidades materiais".[80] A jovem igreja em Colossos não devia ficar parada naquilo que já possuía.

D. A. Carson levanta uma questão solene, quando escreve:

> Devemos nos perguntar o quanto as petições que normalmente apresentamos a Deus distam dos pedidos que Paulo faz nas suas orações. Suponha, por exemplo, que 80 a 90% das nossas petições pedem a Deus boa saúde, recuperação depois de uma doença, segurança nas estradas, um bom emprego, sucesso em exames, as necessidades emocionais dos nossos filhos, sucesso na nossa solicitação de financiamento e muito mais coisas desse tipo. Quanto das orações de Paulo gira em torno de questões equivalentes? Se o centro das nossas orações estiver distante do centro das orações de Paulo, então até mesmo a nossa própria vida de oração pode servir como um testemunho infeliz do notável sucesso dos processos de paganização na nossa vida e no nosso pensamento.[81]

A oração deve incluir aqueles que não conhecemos. As orações de Paulo não eram egoístas. Ele ora pelos cristãos de Colossos, cristãos que ele não conhecia nem jamais vira face a face. Podemos amar, chorar e erguer o nosso clamor aos céus por aqueles que nossos olhos ainda não viram. Pela oração podemos tocar o mundo inteiro. Pela oração podemos influenciar pessoas em todo o mundo. Pela oração podemos ser uma bênção para as pessoas que jamais nos viram face a face. D. A. Carson ainda alerta para o fato de que, se as nossas orações giram apenas em torno da nossa família e da igreja que freqüentamos, então nos tornamos muito limitados e o nosso mundo fica muito pequeno e egocêntrico.[82] Na mesma trilha, Silas Falcão diz que há muita fraqueza em nossas orações, porque, na maioria das vezes, somos egoístas. Pedimos muito a Deus por nós mesmos, pelos nossos interesses e problemas, pelos nossos queridos, e oramos pouco ou mesmo não oramos pelos outros.[83]

A oração deve ser regida por uma atitude perseverante. Paulo não conhecia face a face a igreja de Colossos, mas orou por ela sem cessar. A oração é o oxigênio que alimenta a alma. Embora Paulo tivesse muitos assuntos pessoais a preocupar-lhe a mente, seu foco estava em rogar a Deus em favor de outras pessoas, e isso de forma intensa e perseverante. Muitos de nós não cessamos de orar porque nunca começamos a fazê-lo. Quando perguntaram a Aunt Vertie sobre o significado de orar sem cessar, ela respondeu:[84]

- Quando coloco minha roupa de manhã, agradeço a Deus por vestir-me com a justiça de Cristo.
- Quando tomo banho pela manhã, peço a Deus para me limpar de meus pecados.
- Quando tomo o meu café da manhã, agradeço a Cristo por ser Ele o Pão da Vida.
- Quando limpo a minha casa, peço a Deus para ser misericordioso e limpar as casas do mundo inteiro da impureza do pecado.

- Quando falo com as pessoas durante o dia, peço a Deus para salvá-las, edificá-las em Cristo e suprir suas necessidades pessoais.
- Quando vejo uma multidão de pessoas andando pelas ruas, oro pela salvação dessas pessoas e de outras que perambulam pelas ruas em todo o mundo.

A oração deve ser ousada na busca de plenitude. Para William Hendriksen, o Senhor não deseja que Seu povo peça demasiadamente pouco. Ele não deseja que Seu povo viva pobremente; com mesquinhez na esfera espiritual.[85] Werner de Boor diz que Deus tem para nós a plenitude, por isso Paulo busca confiantemente essa plenitude para Colossos: "*plenos* de conhecimento" – "*toda* sabedoria" – "*todo* conhecimento" – "*inteiro* agrado" – "*toda* boa obra" – "*todo* poder" – esse é o modo "perfeccionista" com que Paulo ora![86]

O conteúdo da oração (1.9)

Paulo orou por conhecimento e poder. Orou para que os cristãos conheçam a vontade de Deus e tenham poder para realizá-la. D. A. Carson diz que oração é o meio apontado por Deus para nos apropriarmos das bênçãos que são nossas em Cristo Jesus.[87] Hendriksen esclarece que este conhecimento não é do gênero da gnose misteriosa que os mestres gnósticos pretendiam ter para seus "iniciados". Ao contrário, é uma compreensão profunda da natureza da revelação de Deus em Jesus Cristo, uma revelação maravilhosa e redentora.[88] Vamos destacar dois pontos:

Em primeiro lugar, *a necessidade de o cristão conhecer a vontade de Deus* (1.9). Paulo não pede apenas que os cristãos conheçam a vontade de Deus, mas que transbordem desse conhecimento. Russell Norman Champlin diz que o original grego não tem uma palavra separada para "pleno", no tocante ao conhecimento; mas a forma *epignósis* é a forma intensificada, em contraste com o conhecimento do gnosticismo.[89]

John Peter Lange afirma que *epignósis* é mais do que *gnosis;* trata-se de um dom e uma graça do Espírito Santo.[90] Esta palavra ocorre mais na carta aos Colossenses do que em qualquer outra epístola de Paulo. A vida cristã não pode ser vivida na dimensão da mediocridade. Ela fala de plenitude, de algo grande, profundo, caudaloso.

William Barclay diz que o grande objeto da oração é conhecer plenamente a vontade de Deus. Na oração não objetivamos tanto que Deus nos escute como escutar nós mesmos a Deus; não se trata de persuadir a Deus para que Ele faça o que nós queremos, mas de descobrir o que Ele quer que realizemos. Em vez de pedir para Deus mudar Sua vontade, devemos rogar que a vontade de Deus seja feita. O primeiro propósito da oração não é tanto falar com Deus, mas escutá-lo.[91]

Conhecer a vontade de Deus é vital para o crescimento espiritual. A ênfase de Paulo está no conhecimento e não no sentimento. Vivemos numa época em que as pessoas querem sentir e não pensar. Elas querem experiências e não conhecimento. Elas buscam o sensório e não o racional. Concordo com John Stott quando ele diz que "crer é também pensar".

Conhecemos a vontade geral de Deus através das Sagradas Escrituras. Tudo quanto o homem deve saber está registrado na Palavra. Não devemos buscar a vontade de Deus fora das Escrituras, consultando "pessoas iluminadas". A vontade de Deus não nos é revelada por sonhos, visões e revelações forâneas às Escrituras.

É importante enfatizar que Paulo pede a Deus o transbordamento do pleno conhecimento da vontade de Deus. Há intensidade nas suas palavras. Seu pedido é em grau superlativo. Warren Wiersbe esclarece que na linguagem do Novo Testamento, *cheio* significa "controlado por". Portanto, Paulo ora para que esses cristãos sejam controlados pelo pleno conhecimento da vontade de Deus.[92]

A plenitude que os gnósticos prometiam pelo conhecimento esotérico nos é oferecida na Palavra, pois dela transborda o pleno conhecimento da vontade de Deus. Não conhecemos a Deus e Sua vontade pelos atalhos do misticismo; não O conhecemos pelos labirintos das religiões de mistério, nem pelo conhecimento esotérico, como ensinavam os gnósticos. A plenitude do conhecimento de Deus não é para uma elite composta dos iniciados nos mistérios das ciências ocultas, mas está disponível para todos aqueles que examinam piedosamente as Escrituras. A *gnosis* herética era especulativa e teórica. Paulo se opõe a ela dizendo que é o conhecimento de Deus que nos leva à obediência de modo realista e equilibrado.[93]

Em segundo lugar, *como o cristão pode conhecer a plenitude da vontade de Deus* (1.9). Depois de falar da necessidade de conhecer a plenitude da vontade de Deus, Paulo ensina à igreja o processo e o meio de chegar a esse conhecimento. Sabedoria e entendimento espiritual são os critérios pelos quais distinguimos essa vontade das atraentes "vontades" contrárias àquilo que Deus quer.[94]

Dois instrumentos são mencionados na busca da vontade de Deus: sabedoria e entendimento espiritual. Muitos e hediondos crimes têm sido praticados em nome da vontade de Deus. Aviões lotados de passageiros são jogados como mísseis mortíferos em prédios em nome de

Deus. Terroristas explodem bombas matando inocentes todos os dias em nome de Deus. Guerras encarniçadas têm sido travadas, destruindo cidades, soterrando pessoas indefesas e matando milhares de pessoas em nome de Deus. Crimes bárbaros têm sido praticados em nome de Deus. Por isso, o conhecimento da vontade de Deus precisa ser regido pela verdade das Escrituras, e não pelo radicalismo ensandecido dos religiosos fanáticos. Vamos destacar esses dois instrumentos.

a. Em toda sabedoria (1.9). A sabedoria segundo William Hendriksen é a habilidade de usar os melhores meios para os melhores fins.[95] A sabedoria, *Sophia*, era a bandeira principal do gnosticismo. Eles entendiam que essa sabedoria só seria alcançada através da iniciação em seus mistérios. Paulo os refuta dizendo que os cristãos em Cristo é que conhecem essa sabedoria, e não os místicos. Sabedoria é olhar para a vida com os olhos de Deus. É ver a vida como Deus a vê. É ter as prioridades que Deus tem. Fritz Rienecker diz que *Sophia* é a capacidade de aplicar o conhecimento da vontade de Deus às situações variadas da vida.[96]

A sabedoria do mundo é loucura diante de Deus (1Co 1.20) e se reduz a nada (1Co 2.6). Ela afasta, em vez de aproximar, o homem de Deus. A sabedoria do mundo exalta o homem, em vez de glorificar a Deus. Ela conduz à perdição e não à salvação. A verdadeira sabedoria, *Sophia*, está em Cristo. Nele estão ocultos todos os tesouros da sabedoria. A sabedoria cristã é o conhecimento dos princípios de Deus exarados em Sua Palavra.[97] Paulo não incentiva os colossenses a buscar visões ou vozes. Antes, ora para que eles possam aprofundar-se na Palavra de Deus e, desse modo, ter mais sabedoria e discernimento.[98]

b. Em todo entendimento espiritual (1.9). Se a sabedoria fala da revelação de Deus, o entendimento espiritual fala da aplicação pormenorizada dessa revelação, diz Russell Shedd.[99] Nessa mesma linha de pensamento, L. Bonnet diz que sabedoria se refere ao discernimento da verdade enquanto o entendimento espiritual trata da aplicação da verdade.[100]

O entendimento espiritual, *synesis*, é o "conhecimento crítico", relacionado à capacidade de aplicar os princípios da Palavra de Deus a cada situação da vida. *Synesis* é a faculdade de unir por parelhas. A palavra refere-se à reunião de fatos e informações para tirar conclusões e identificar os relacionamentos.[101] É a habilidade de provar, distinguir, avaliar e formar juízos. Na linguagem do erudito Lightfoot, é a capacidade de ver a índole das coisas. É a capacidade de distinguir o bem do mal, a palha do grão, o vil do precioso.

Assim, pois, quando Paulo pede a Deus sabedoria e entendimento espiritual para os cristãos, pede que entendam as grandes verdades do cristianismo e sejam capazes de aplicar essas verdades às tarefas e decisões da vida cotidiana. É possível que alguém seja um perito em teologia e ao mesmo tempo um fracasso na vida.[102] Conhecimento e prática precisam andar juntos.

O propósito da oração (1.10,11)

Paulo ensina por meio da oração. Suas orações são teologia pura. Nesta oração, alguns propósitos são contemplados pelo apóstolo.

Em primeiro lugar, *combater o engano da heresia gnóstica*. O gnosticismo estava ameaçando a Igreja no primeiro século. Como um dilúvio, essa heresia invadiu a Igreja no século segundo. No princípio do século terceiro, quase todas as congregações mais intelectuais do Império Romano estavam notadamente afetadas por ele. O propósito do gnosticismo era reduzir o cristianismo a uma filosofia e relacioná-la com ensinos pagãos. O gnosticismo foi uma aguda helenização do cristianismo. Era produto da combinação entre a filosofia grega e o cristianismo. Os gnósticos pretendiam um conhecimento esotérico ou secreto especial. Só alcançavam esse conhecimento os *pneumatikoi*, ou seja, os espirituais. Assim, o gnosticismo tinha uma aura de espiritual. Mantinha uma aversão pelas coisas materiais e terrenas. O gnosticismo com seu misticismo heterodoxo oferecia outro caminho para o homem chegar à perfeição, à parte do sacrifício expiatório de Cristo. Muitas pessoas foram seduzidas por suas crenças heréticas e se afastaram da verdade. A heresia do gnosticismo estava presente nas igrejas do Novo Testamento: 1) O deleite na *gnose*, ou seja, no conhecimento (1Co 8.1); 2) o liberalismo sexual (1Co 6.13-20); 3) a negação da encarnação de Cristo (1Jo 4.1-3); 4) a negação da ressurreição (1Co 15.12).[103]

Paulo revela que a plenitude do conhecimento da vontade de Deus não está no gnosticismo, mas no evangelho.

Em segundo lugar, *mostrar que a plenitude está em Deus e não no conhecimento esotérico*. A palavra grega *pleroma*, "plenitude", era a espinha dorsal do ensino gnóstico. Os falsos mestres ensinavam que só os iniciados em seus mistérios alcançavam a plenitude do conhecimento. O que os gnósticos prometiam, mas só o evangelho podia oferecer. Concordamos com João Calvino quando disse que só conhecemos a Deus porque Ele se revelou a nós. O conhecimento de Deus é encontrado nas Escrituras e não nas ciências ocultas. O conhecimento de Deus é objetivo e não subjetivo. Ele nos vem pela Palavra e não pela lucubração subjetiva.

Em terceiro lugar, *mostrar ao cristão a necessidade de uma vida digna de Deus* (1.10). O conhecimento deve nos levar à prática. Não basta ter informação certa na mente, precisamos ter vida certa com Deus. Viver de modo digno de Deus é o mesmo que imitar a Deus. É andar como Jesus andou. É ser santo como Deus é santo (Ef 4.1; Fp 1.27; 1Ts 2.12).

Russell Shedd diz que a expressão "modo digno" traduz uma palavra relacionada com a balança. Imaginemos as atitudes, palavras e ações de Deus colocadas num dos pratos de uma balança e as nossas atitudes, ações e palavras empilhadas no outro prato. Se a nossa vida como cristãos deixar de corresponder à vida do Senhor, estaremos andando indignamente.[104]

Em quarto lugar, *mostrar ao cristão como viver uma vida digna de Deus* (1.10,11). Paulo menciona quatro maneiras de vivermos uma vida digna de Deus.

a. Vivendo para o Seu inteiro agrado (1.10). William Barclay diz que não há nada mais prático no mundo do que a oração.[105] A oração não é um escape da realidade. Não é apenas uma solitária meditação em Deus, mas também uma caminhada com Deus. Oração e ação caminham de mãos dadas. Oramos não para escapar da vida, mas para enfrentá-la. "Viver para o Seu inteiro agrado" é, em síntese, o único propósito para o qual vivemos. Deve ser um esforço consciente para agradar a Deus em tudo. Os teólogos de Westminster entenderam à luz da Palavra que o fim principal do homem é glorificar a Deus e gozá-lo para sempre.

No grego clássico a palavra *areskeia*, "agrado", tinha uma conotação negativa de portar-se de maneira insincera perante outros, a fim de obter algo. Russell Champlin diz que toda vida que deseja buscar o louvor e a boa opinião dos homens se vê maculada. Trata-se de um câncer, de uma lepra galopante, que corrói a sinceridade, a nobreza e a força de caráter. Tenhamos o cuidado de não ajustar nossas velas para apanhar os ventos mutantes do favor e dos elogios humanos, porém olhemos mais para cima e digamos: Deus, o verdadeiro Comandante e Imperador, tem a nossa sorte em Suas mãos; precisamos agradar a Ele, e a Ele somente.[106]

b. Frutificando em toda boa obra (1.10). Boas intenções e belas palavras não bastam. O cristão deve dar bons frutos. Sua união com Cristo é patenteada em frutos (Jo 15.8). A presença do Espírito no seu coração se evidencia em fruto (Gl 5.22). William Hendriksen diz que Paulo atribui às boas obras um imenso valor quando elas são consideradas como o fruto e não a raiz da graça.[107] Não se trata de ação ou obra alguma que o homem possa efetuar para conseguir mérito aos olhos de Deus, mas, sim, de atos tão cheios de amor que quem os observa não pode explicá-los sem recorrer à operação de Deus na vida do cristão.[108]

c. Crescendo no pleno conhecimento de Deus (1.10). Esse conhecimento não é teórico, mas experimental. É levar Deus a sério. É ter um relacionamento íntimo com Deus em vez de especulá-lo. É andar face a face com Deus. Às vezes, somos como Absalão, estamos na cidade de Jerusalém, mas não vemos a face do Rei. Esse conhecimento de Deus é dinâmico e progressivo. O profeta Oséias diz que devemos conhecer e prosseguir em conhecer a Deus (Os 6.3). D. A. Carson diz que os cristãos são organismos que crescem, e não máquinas que simplesmente desempenham a função para a qual foram projetadas.[109]

d. Sendo fortalecidos com todo o poder, segundo a força da Sua glória (1.11). Você não é o que fala, mas o que faz. O grande problema da vida não é saber o que fazer, mas fazer o que você sabe. Por que não fazemos o que sabemos ser certo? É porque nos falta poder! Se Deus só nos dissesse qual é a Sua vontade, ficaríamos frustrados e até esmagados; mas Deus não apenas revela a Sua vontade, mas também nos capacita com poder para a cumprirmos. Por meio da oração alcançamos não apenas conhecimento da vontade de Deus, mas também poder para realizá-la.[110] Ralph Martin diz que o alvo desta oração é que a igreja não fracasse diante do ataque ou do desencorajamento, não deixando de cumprir seu mandato missionário.[111] Warren Wiersbe comenta este texto da seguinte maneira:

> Paulo usa dois termos gregos diferentes para se referir à energia de Deus: *dynamis* (de onde temos a palavra "dinamite"), que significa "poder inerente"; e *kratos,* que significa "poder manifesto" colocado em ação. A virtude da vida cristã é apenas resultado do poder de Deus operando em nossa vida.[112]

Paulo pede nesta oração poder sobre poder. Ele fala de *dynamis,* a dinamite que atravessa rocha granítica e quebra as resistências mais severas. Esse é o poder ilimitado de Deus que criou o universo e ressuscitou Jesus dentre os mortos. Esse mesmo poder está à disposição da Igreja. Paulo fala também de *Kratos,* o poder daquele que governa o universo. Aquele que está assentado no trono e dirige as nações é o mesmo que nos capacita a viver de forma vitoriosa. "A força da Sua glória" é o reflexo de todos os atributos de Deus. É o esplendor máximo de Deus na Sua manifestação gloriosa.

Mas que poder é esse? Como ele se manifesta? Werner de Boor diz que esse poder se mostra bem diferente da força que o mundo admira. Caracterizam-no não a valentia, a bordoada, os punhos batendo na mesa, mas, ao contrário, a "paciência" e a "longanimidade".[113] É isso o que veremos a seguir.

A capacitação por meio da oração (1.11,12)

Paulo ensina que, por meio da oração, somos capacitados por Deus a enfrentarmos os grandes desafios da vida cristã.

Em primeiro lugar, *aprendendo a lidar com as circunstâncias difíceis* (1.11). A palavra grega *hupomone,* "perseverança", significa paciência para suportar circunstâncias difíceis. Perseverança é paciência em ação. Não é sentar-se em uma cadeira de balanço e esperar que Deus faça alguma coisa. É o soldado no campo de batalha, permanecendo em combate mesmo quando as circunstâncias se mostram desfavoráveis. É o corredor na pista, recusando-se a parar, pois deseja vencer a corrida (Hb 12.1).[114]

Hupomone é uma das palavras mais ricas do Novo Testamento. Ela fala da paciência com circunstâncias difíceis. O cristianismo é diferente do estoicismo. Essa filosofia grega dizia que o homem não pode mudar as coisas. Existe um determinismo cego e implacável, e o segredo da felicidade é submeter-se a este destino sem reclamar. Um estóico trinca os dentes e atravessa as crises de forma determinada, mas sem alegria. O cristão, porém, não crê em destino cego. Ele não crê em determinismo. Ele entende que Deus é soberano e governa todas as coisas. Quando passa por circunstâncias difíceis, não lamenta, não murmura, mas triunfantemente suporta as adversidades, sabendo que Deus está no controle de todas as coisas e realiza todas as coisas para o seu bem.

João Crisóstomo, o ilustre pregador do Oriente, dizia que *hupomone* é a fortaleza inexpugnável, o porto que não se abala com as tormentas. É essa paciência que produz paz na guerra, calma na tempestade e segurança contra os complôs. George Matheson, o compositor cristão que ficou cego ainda jovem, escreveu uma oração, dizendo: "Não com muda resignação, mas com santo gozo, não só sem murmurar, mas com um cântico de louvor, aceito a vontade de Deus".

William Barclay esclarece que *hupomone* não só significa capacidade para suportar as coisas, mas também habilidade para transformar essa situação adversa em triunfo. Trata-se de uma paciência triunfadora. É aquele espírito que não pode ser vencido por nenhuma circunstância da vida. É a capacidade de sair triunfante de qualquer situação que possa acontecer.[115] Muitas pessoas são como os soldados de Saul; quando vêem os gigantes ficam desanimados e desistem da luta (1Sm 17.10,11,24). Para o cristão, todavia, é sempre cedo demais para desistir.

Em segundo lugar, *aprendendo a lidar com pessoas difíceis* (1.11). A palavra grega *makrothymia*, "longanimidade", fala da paciência com pessoas difíceis. Se *hupomone* trata de paciência com as circunstâncias, *makrothymia* trata de paciência com as pessoas. *Hupomone* é a paciência que não pode ser vencida por nenhuma circunstância; *makrothymia* é a paciência que não pode ser vencida por nenhuma pessoa. Corroborando esse pensamento, Ralph Martin afirma que *hupomone* é usada em relação a circunstâncias adversas, ao passo que *makrothymia* é a virtude necessária quando pessoas difíceis de ser suportadas atentam contra nosso autocontrole.

Longanimidade, *makrothymia* é um ânimo espichado ao máximo. É a capacidade de perdoar em vez de revidar. É a atitude de abençoar em vez de amaldiçoar. É a decisão de acolher em vez de escorraçar. É pagar o mal com o bem. É orar pelos inimigos e abençoar os que nos perseguem. Warren Wiersbe diz que *makrothymia* é o oposto de vingança.[116] Vale lembrar que, para os gregos, *makrothymia* não era uma virtude. A virtude para eles era a vingança.

William Barclay diz que *makrothymia* é a qualidade da mente e coração que faz que sejamos capazes de suportar as pessoas de tal maneira que a sua antipatia, malícia e crueldade não nos arrastem para a amargura; que a sua indocilidade e loucura não nos forcem ao desespero; que a sua insensatez não nos arraste à exasperação, nem sua indiferença altere nosso amor. *Makrothymia* é o espírito que jamais perde a paciência.[117]

Em terceiro lugar, *aprendendo a cantar nas noites escuras* (1.11). Muitas pessoas podem até suportar circunstâncias adversas e lidar com pessoas difíceis, mas perdem a alegria no meio desse mar revolto. A maneira de lidar com situações adversas e pessoas difíceis não é travando uma luta triste, mas agindo com uma atitude radiante e luminosa. A alegria cristã está presente em todas as circunstâncias e diante de todas as pessoas.[118]

Warren Wiersbe diz que há um tipo de perseverança que "suporta sem prazer algum". Paulo ora pedindo que os cristãos de Colossos tenham perseverança e longanimidade com alegria.[119] É conhecida a expressão usada por C. F. D. Moule: "Se o gozo cristão não se arraiga na terra do sofrimento, é frívolo". O cristão em Cristo passa por esse deserto cantando. Ele atravessa esse vale de lágrimas exultando em Deus. Ele canta na prisão como Paulo e Silas cantaram em Filipos. Como Jó, ele sabe que Deus inspira canções de louvor até nas noites escuras. É importante ressaltar que essa alegria ultracircunstancial não é um sentimento natural que nós mesmos criamos, mas algo que o Espírito Santo produz em nós. A alegria é fruto do Espírito!

A oração cristã, pois, é: "Faça-me, senhor, vitorioso sobre toda circunstância; faça-me paciente com cada pessoa e dá-me um gozo do qual nenhuma circunstância nem pessoa possa privar-me".[120]

Em quarto lugar, *aprendendo a agradecer pela gloriosa herança futura em meio à pobreza do presente* (1.12). Gratidão é voltar os olhos ao passado e esperança direcionar os olhos para o futuro. Nossa vida deve ser um eterno hino de gratidão a Deus, por aquilo que Ele fez, faz e fará por nós (Ef 5.20; 1Ts 5.18).

Os cristãos de Colossos eram pobres e estavam sob forte ataque dos inimigos. Preso e desprovido das riquezas da terra, Paulo passava por privações. Prestes a ser sentenciado à morte, o apóstolo dava graças a Deus pela herança guardada no céu. Os cristãos de Colossos eram "idôneos", ou seja, "qualificados" para esse reino. Deus nos qualificou para o céu! E, enquanto esperamos pela volta de Cristo, desfrutamos a parte que nos cabe da herança espiritual que temos Nele.[121] A herança está "na luz" porque Ele, que é a luz, habita lá e enche o céu com Sua maravilhosa luz.[122]

Esse reino é presente ou futuro? A princípio os colossenses já estavam nele. Eles já tinham sido "transferidos do reino das trevas para o Reino do Filho de seu amor" (1.13). O Reino de Deus já chegou e está dentro de nós. A possessão plena, entretanto, pertence ao futuro. Trata-se da esperança que nos está reservada nos céus (1.5). Do Senhor receberemos a recompensa, a saber, a herança (3.24).[123] Mesmo pobres neste mundo, somos ricos, muito ricos. Somos herdeiros de Deus e co-herdeiros com Cristo!

Notas do capítulo 3

[79] BARCLAY, William. *Filipenses, Colosenses, I y II Tesalonicenses*, p. 115.
[80] WIERSBE, Warren W. *Comentário bíblico expositivo*, p. 144.
[81] CARSON, D. A. *Um chamado à reforma espiritual*. São Paulo: Cultura Cristã, 2007, p. 98.
[82] CARSON, D. A. *Um chamado à reforma espiritual*, p. 100.
[83] FALCÃO, Silas Alves. *Meditações em Colossenses*, p. 25.
[84] Autor desconhecido. *The teacher's outline and study bible on Colossians*. Chattanooga, TN: Leadership Ministries Worldwide. 1994, p. 34.
[85] HENDRIKSEN, William. *Colosenses y Filemon*, p. 70.
[86] BOOR, Werner de. *Carta aos Efésios, Filipenses e Colossenses*, p. 286.
[87] CARSON, D. A. *Um chamado à reforma espiritual*, p. 101.
[88] HENDRIKSEN, William. *Colosenses y Filemon*, p. 71.
[89] CHAMPLIN, Russell Norman. *O Novo Testamento interpretado versículo por versículo*, p. 87.
[90] LANGE, John Peter. *Commentary on the Holy Scriptures*. Vol. 11. Grand Rapids, MI: Zondervan Publishing House. 1980, p. 17.
[91] BARCLAY, William. *Filipenses, Colosenses, I y II Tesalonicenses*, p. 116.
[92] WIERSBE, Warren W. *Comentário bíblico expositivo*, p. 145.
[93] MARTIN, Ralph P. *Colossenses e Filemom*, p. 61.
[94] SHEDD, Russell. *Andai nele*, p. 22.
[95] HENDRIKSEN, William. *Colosenses y Filemon*, p. 71.
[96] RIENECKER, Fritz e ROGERS, Cleon. *Chave lingüística do Novo Testamento Grego*, p. 419.
[97] BARCLAY, William. *Filipenses, Colosenses, I y II Tesalonicenses*, p. 116.
[98] WIERSBE, Warren W. *Comentário bíblico expositivo*, p. 145.
[99] SHEDD, Russell. *Andai nele*, p. 22.
[100] BONNET, L. e SCHROEDER, A. *Comentario del Nuevo Testamento*. Tomo 3. El Paso, TX: Casa Bautista de Publicaciones, 1982, p. 580.
[101] RIENECKER, Fritz e ROGERS, Cleon. *Chave lingüística do Novo Testamento Grego*, p. 419.
[102] BARCLAY, William. *Filipenses, Colosenses, I y II Tesalonicenses*, p. 116.
[103] LOPES, Hernandes Dias. *Morte na panela*. São Paulo: Hagnos, 2007, p. 28,29.

[104] SHEDD, Russell. *Andai nele*, p. 22,23.
[105] BARCLAY, William. *Filipenses, Colosenses, I y II Tesalonicenses*, p. 116.
[106] CHAMPLIN, Russell Norman. *O Novo Testamento interpretado versículo por versículo*, p. 89.
[107] HENDRIKSEN, William. *Colosenses y Filemon*, p. 72.
[108] SHEDD, Russell. *Andai nele*, p. 23.
[109] CARSON, D. A. *Um chamado à reforma espiritual*, p. 110.
[110] BARCLAY, William. *Filipenses, Colosenses, I y II Tesalonicenses*, p. 117.
[111] MARTIN, Ralph P. *Colossenses e Filemom*, p. 63.
[112] WIERSBE, Warren W. *Comentário bíblico expositivo*, p. 147.
[113] BOOR, Werner de. *Carta aos Efésios, Filipenses e Colossenses*, p. 288.
[114] WIERSBE, Warren W. *Comentário bíblico expositivo*, p. 147.
[115] BARCLAY, William. *Filipenses, Colosenses, I y II Tesalonicenses*, p. 117.
[116] WIERSBE, Warren W. *Comentário bíblico expositivo*, p. 147.
[117] BARCLAY, William. *Filipenses, Colosenses, I y II Tesalonicenses*, p. 118.
[118] BARCLAY, William. *Filipenses, Colosenses, I y II Tesalonicenses*, p. 118.
[119] WIERSBE, Warren W. *Comentário bíblico expositivo*, p. 148.
[120] BARCLAY, William. *Filipenses, Colosenses, I y II Tesalonicenses*, p. 118.
[121] WIERSBE, Warren W. *Comentário bíblico expositivo*, p. 149.
[122] RIENECKER, Fritz e ROGERS, Cleon. *Chave lingüística do Novo Testamento Grego*, p. 420.
[123] HENDRIKSEN, William. *Colosenses y Filemon*, p. 76.

Capítulo 4

A magnífica obra de Cristo
(Cl 1.13-17)

PAULO COLOCA O MACHADO da verdade na raiz da heresia.

Ele refuta com argumentos irresistíveis a tese mentirosa dos falsos mestres gnósticos. Eles afirmavam que a matéria era essencialmente má. Conseqüentemente, Cristo, sendo Deus, não poderia ter sido o criador do universo, nem mesmo ter encarnado para a nossa redenção. Os gnósticos desta maneira atacaram as duas verdades essenciais do cristianismo: as doutrinas da criação e da redenção.

Paulo deita por terra as heresias gnósticas, mostrando que Cristo não é uma emanação de Deus, mas a própria imagem do Deus invisível; Cristo não é um ser intermediário por meio do qual o mundo material veio a existir, mas o próprio criador do mundo visível e invisível; Cristo não é um espírito iluminado que veio conduzir o homem a Deus pelos atalhos do conhecimento místico e esotérico, mas o redentor que veio ao mundo para resgatar o homem pelo sangue da Sua cruz.

Os falsos mestres de Colossos bem como os falsos mestres dos nossos dias não negam a importância de Cristo, mas não lhe dão a preeminência.[124] Para os gnósticos, Cristo era apenas uma emanação de Deus. Hoje, os muçulmanos pregam que Cristo foi apenas um grande profeta. Os espíritas ensinam que Cristo é apenas um espírito iluminado. Os romanistas dizem que Jesus é apenas um dos muitos mediadores entre Deus e os homens. As Testemunhas de Jeová dizem que Jesus foi o primeiro ser criado e não o criador.

Quem afinal é Jesus? No texto em questão, Paulo fala sobre a preeminência de Cristo na obra da redenção (1.13,14) e na obra da criação (1.15-17). Vamos examinar esses dois pontos culminantes da fé cristã.

A preeminência de Cristo na obra da redenção (1.13,14)

Os mestres do engano, os emissários da heresia, os paladinos da mentira haviam chegado a Colossos disseminando seu veneno. Eles atacaram as doutrinas da criação e da redenção. Eles negavam tanto o fato de Cristo ser o criador quanto o fato de Cristo ser o redentor.

Refutando as teses dos falsos mestres, Paulo destaca quatro grandes verdades a respeito da salvação que temos em Cristo.

Em primeiro lugar, *Deus nos libertou do império das trevas* (1.13). Precisamos destacar alguns pontos aqui:

a. Existe um império do mal em ação no mundo (1.13). O mal é uma realidade concreta. Existe um ser maligno, de todo corrompido, que governa esse reino de trevas. O deus desse reino é Satanás. Ele é chamado de diabo, maligno, tentador, destruidor, pai da mentira, assassino, príncipe das trevas, deus deste século, dragão, antiga serpente. Esse reino é das trevas porque é o reino da escravidão, do pecado, da devassidão, da mentira, do engano, da condenação eterna. O reino das trevas é um reino em rebelião contra Deus. Ele amaldiçoa a Deus, nega a Deus, rejeita a Deus e fere as pessoas.[125]

b. O homem não pode libertar a si mesmo desse império de trevas (1.13). Satanás é o valente que tem uma casa, onde guarda em segurança todos os seus bens (Mt 12.28,29). O homem não pode escapar das garras desse valente por si mesmo. O conhecimento esotérico não pode quebrar as algemas dessa escravidão. O homem natural é prisioneiro nesse império (1.13), está cativo na casa do valente (12.29), está sob a jurisdição da potestade de Satanás (At 26.18), é escravo do pecado (Jo 8.34), anda segundo o curso deste mundo, segundo o príncipe da potestade do ar, do espírito que agora atua nos filhos da desobediência (Ef 2.1-3). Ele é absolutamente impotente para libertar a si mesmo. Werner de Boor diz que o homem não é libertado por resolução humana e luta própria, não por desesperados esforços, nem por lágrimas amargas e bons propósitos. Ele é libertado por Cristo. Conseqüentemente não precisa mais servir ao cruel inimigo.[126]

c. Deus é o único que pode nos libertar desse império das trevas (1.13). A libertação vem de Cristo e não do homem. O poder das trevas não pode ser quebrado pela força humana, mas somente pela ação divina. Jesus é o libertador e resgatador que invade a casa do valente, amarra-o, saqueia-lhe a casa e liberta os cativos de suas garras (Mt 12.28,29). O homem que outrora estava na potestade de Satanás é transferido agora para outro reino, o reino de Cristo (At 26.18). O verbo "libertou" está no tempo passado, significando que a obra de libertação foi absolutamente consumada. Estamos livres; somos verdadeiramente livres!

Em segundo lugar, *Deus nos transportou para o Reino do Seu Filho Amado* (1.13). Russell Shedd diz que Deus montou uma "operação de resgate" para libertar os pecadores do poder das trevas.[127] Estávamos no império das trevas, na casa do valente, guardado em segurança, presos pelas grossas correntes do pecado, cegos e oprimidos. Mas Jesus invadiu a casa do valente, saqueou o seu império e nos libertou. Deus abriu nossos olhos, tirou as correntes que nos prendiam, abriu os portões de ferro que nos trancavam nesse reino de escravidão e nos fez sair para uma nova vida.

Deus não apenas nos tirou da região da morte, como também nos transportou para dentro do Reino da luz, o reino do Filho do Seu amor. Houve um traslado, uma transferência imediata do império de trevas para o reino da luz. A palavra grega *methistemi*, traduzida pelo verbo "transportou", significa remover de um lugar para outro, transferir.[128] Essa expressão era muito comum nos dias de Paulo. Era usada no mundo antigo para descrever o costume de trasladar a população vencida por um reino a outro país.[129] A palavra foi usada por Josefo para descrever o transporte de milhares de judeus para a Ásia Menor na primeira parte do segundo século, por ordem de Antíoco III.[130]

William Hendriksen diz que Deus nos tirou do reino obscuro das idéias falsas e imaginárias para introduzir-nos na terra banhada pelo sol do conhecimento claro. Tirou-nos da esfera dos desejos pervertidos ao bem-aventurado reino dos anelos santos. Arrancou-nos da miserável masmorra de cadeias intoleráveis e dolorosos lamentos ao palácio de uma liberdade gloriosa e belas canções.[131]

William Barclay destaca que foi um traslado das trevas para a luz, da escravidão para a liberdade, da condenação para o perdão, do poder de Satanás para o poder de Deus.[132] Na mesma linha de pensamento, Fritz Rienecker afirma que o Reino de Cristo é o domínio cósmico de Cristo, adquirido por Ele mediante Sua morte na cruz e Sua ressurreição pelo poder de Deus.[133]

Duas implicações podem ser observadas a partir desse auspicioso acontecimento.

a. A salvação implica uma mudança radical de domínio sobre a nossa vida. Antes estávamos no império de trevas, sob o domínio cruel e opressor de Satanás. Antes estávamos no cativeiro do diabo, acorrentados pelo pecado. Agora, estamos livres e salvos. Fomos não apenas libertados do império das trevas, mas também transportados para o reino da luz. Agora Cristo, e não Satanás, domina sobre nós. Agora temos outro dono, outro senhor, outra vida, dentro de outro reino. Fomos transladados de uma vez por todas. Já estamos no Reino da luz (1Pe 2.9). Isso é escatologia realizada. Já estamos no antegozo da glória.

b. A salvação implica uma mudança radical de devoção do nosso coração. No reino das trevas servíamos a um príncipe carrasco. Ele nos oprimia, nos escravizava e nos mantinha prisioneiros para a morte eterna. Mas agora vivemos no Reino da luz, do amor, da paz e da vida eterna. No antigo império reinava o ódio; no Reino da luz domina o amor. No antigo império estávamos debaixo de cruel escravidão; no Reino da luz somos livres. No reino das trevas, Satanás queria a nossa morte; no Reino da luz, Cristo morreu por nós para nos dar vida.

Em terceiro lugar, *Deus nos redimiu por meio do Seu Filho* (1.14). Destacamos três pontos aqui.

a. Deus nos redimiu para sermos Sua propriedade exclusiva. A redenção significa libertar um prisioneiro ou um escravo mediante o pagamento de um resgate.[134] Deus nos comprou e agora somos Sua propriedade particular. Somos de Deus por direito de criação, porque Ele nos criou à Sua imagem e semelhança. Também somos Dele por direito de redenção, pois Ele nos comprou com o sangue do Seu Filho. Não pertencemos mais ao império das trevas, nem somos de nós mesmos. Somos propriedade exclusiva de Deus. O resgate pago por Cristo no calvário nos redimiu e agora estamos quites com a Lei de Deus (Rm 8.33,34) e com a justiça de Deus (Rm 5.1; 8.1). Essa redenção implica libertação da maldição (Gl 3.13) e da escravidão do pecado (Jo 8.34,36; Rm 7.14).

b. Deus pagou um altíssimo preço pela nossa redenção. Deus nos comprou não com prata e ouro, mas com o sangue precioso do Seu Filho amado (At 20.28; 1Pe 1.18,19). Deus não poupou Seu próprio Filho, antes por todos nós O entregou para que pelo Seu sangue fôssemos resgatados da morte para a vida, da escravidão para a liberdade, da potestade de Satanás para o Seu glorioso reino.

c. Deus pagou esse alto preço não a Satanás, mas a si mesmo. É um ledo engano e uma crassa heresia afirmar que Deus pagou o preço da nossa redenção a Satanás. O príncipe das trevas não é dono de nada, nunca foi e jamais será. Ele é um usurpador. Deus quebrou o cativeiro no qual estávamos presos e nos transportou de lá para o Seu glorioso reino. Como Deus é justo e nós somos pecadores, não podíamos ser justificados sem que a lei fosse cumprida e a justiça fosse satisfeita. Então, Deus providenciou um substituto perfeito, o Seu próprio Filho, para morrer em nosso lugar e em nosso favor. Deus propiciou a Si mesmo pela morte de Cristo. Assim, Ele pôde ser justo e o justificador do pecador que crê em Seu Filho.

Em quarto lugar, *Deus nos perdoou por intermédio do Seu Filho* (1.14b). Além do resgate, do transporte para o reino de Cristo, e da redenção realizados no passado e no presente, temos ainda o perdão dos pecados. Destacamos quatro verdades preciosas para nossa reflexão:

a. O perdão removeu a barreira entre o Deus santo e o homem pecador. A igreja é a comunidade dos perdoados. Só gente perdoada pode entrar no céu. O pecado faz separação entre nós e Deus (Is 59.2), pois Deus é luz, e não há Nele treva nenhuma (1Jo 1.5). Deus, porém, nos perdoou de todos os pecados presentes, passados e futuros. Nossa dívida foi paga, nossa culpa foi cancelada e nossa justificação, declarada. A palavra "perdão" significa "mandar embora" ou "cancelar uma dívida".[135] Nossa dívida como escravos do pecado foi cancelada. Nossos débitos não podem mais nos escravizar. Satanás não encontra mais nada nos nossos arquivos para nos acusar (Rm 8.33,34). A barreira entre o pecador e o Deus santo foi para sempre removida. O que aconteceu com Lady Macbeth, na peça de Shakespeare, não ocorre com o cristão verdadeiro: a mancha do pecado não lhe fica nas mãos. Ainda que ele peque, o sangue remidor de Jesus Cristo combate eficazmente o poder contagioso e febril da maldade. Nem mesmo Satanás resiste ao sangue do Cordeiro de Deus (Ap 12.10,11).[136]

b. O perdão pavimenta o caminho de um novo relacionamento com Deus. Por meio da remissão dos pecados, somos transferidos da posição de réus condenados, para o *status* de filhos amados. Continuamos pecadores, mas agora pecadores redimidos. Quando um filho peca contra o pai, não deixa de ser filho. Ele perde a comunhão, mas não a filiação. Por meio de Cristo, através da confissão, podemos receber constantemente o perdão e a restauração.

c. O perdão alivia a alma do peso da culpa. O perdão de Deus remove de sobre o pecador o peso esmagador da culpa. Pergunte aos mais famosos cientistas do mundo se eles conhecem um medicamento para libertar da culpa; pergunte aos grandes artistas se eles são capazes de eliminar da consciência a culpa através da música, ou da pintura, ou da poesia; pergunte aos ricos e poderosos desta terra se o peso da culpa desaparece diante de tesouros de ouro ou de exércitos blindados – a pergunta será em vão. Em Jesus, todavia, você encontrará aquilo que seu coração anseia, não apenas como possibilidade ou consolação difusa, mas como realidade total e ditosa, aqui e agora, diz Werner de Boor.[137] O apóstolo Paulo afirma: "... Nele temos a redenção, a remissão dos pecados" (1.14).

d. O perdão que recebemos de Deus é o padrão do perdão que devemos oferecer ao nosso ofensor. Os perdoados devem perdoar e perdoar com o mesmo tipo de perdão que receberam de Deus (3.13). Aqueles que foram objetos do perdão de Deus devem ser instrumentos desse perdão a outrem (Mt 18.21-35).

A preeminência de Cristo na obra da criação (1.15-17)

William Hendriksen diz que a glória de Cristo na criação é igualada por Sua majestade na redenção.[138] A passagem em tela lida com várias questões a respeito da criação como: Qual é a origem do universo? Que poder trouxe o universo à existência? Existe mais do que um mundo no universo? Existe a dimensão física e espiritual no universo? Qual é o propósito da criação? O que mantém o universo harmoniosamente funcionando? O apóstolo Paulo responde a todas essas perguntas neste texto[139] e também refuta algumas teorias velhas e novas disseminadas com grande estardalhaço.

Paulo *refuta a teoria da evolução natural*. A teoria de que a vida surgiu espontaneamente e que daí evoluiu em processos constantes, através de bilhões de anos, até chegar ao universo que hoje conhecemos, carece de provas. O livro *Origem das Espécies,* de Charles Darwin, publicado em Londres, em 1859, contém nada menos que oitocentos verbos no futuro do subjuntivo, "suponhamos". A evolução é uma suposição improvável, uma hipótese que procura ficar em pé escorada num frágil bordão; é uma teoria falaz. A evolução não é uma verdade científica. Ela não possui a evidência das provas. Tanto o macrocosmo quanto o microcosmo denunciam as muitas incongruências da famigerada teoria da evolução. Mesmo que essa malfadada teoria fosse verossímil, ela ainda se chocaria com o máximo problema: Como explicar a origem da vida? De onde surgiu o primeiro ser vivo? Surgiu espontaneamente? Proveio de algum mineral? E esse mineral, de onde veio? O célebre cientista Louis Pasteur pôs à mostra a fragilidade da teoria da geração espontânea, demonstrando que vida só pode vir de vida.[140]

O apóstolo também *refuta a teoria da evolução teísta*. Alguns cientistas tentam conciliar o cristianismo com o darwinismo, a criação com a evolução. Mas isso é impossível. Francis Collins, diretor do Projeto Genoma, em seu livro *A linguagem de Deus,* conta como abandonou o ateísmo para adotar o cristianismo teísta. Ele se confessa um cristão, mas tenta conciliar o cristianismo com o evolucionismo darwinista. O caminho que encontrou para juntar essas duas vertentes irreconciliáveis foi negar a historicidade de Gênesis 1 e 2. A tese de Collins ataca os fundamentos do cristianismo, pois a fé cristã tem como base primeira a verdade de que a Bíblia é a Palavra de Deus inerrante, infalível e suficiente. Não é possível negar a criação como registrada nas Escrituras e ainda ser um cristão verdadeiro. Essa vertente liberal que tenta minar a autoridade da Escritura para flertar com a teoria da evolução não possui amparo na Escritura nem na ciência. A ciência corretamente interpretada sempre estará afinada com a verdade da Escritura, pois ambas têm o mesmo autor: Deus![141]

Finalmente, ele *refuta a perenidade da matéria*. A matéria foi criada, portanto não é eterna. Só Deus é auto-existente e auto-suficiente. Tudo o que existe é contingente, temporal e dependente.

Dando continuidade a essa análise da preeminência de Cristo na obra da criação, destacamos cinco verdades importantíssimas.

Em primeiro lugar, *Jesus Cristo é a exegese de Deus, a expressão visível do Deus invisível* (1.15a). O apóstolo Paulo afirma: "Ele é a imagem do Deus invisível" (1.15a). Deus como Espírito é invisível e sempre será (1Tm 6.16). Mas Jesus é a Sua visível expressão. Ele não apenas reflete Deus, porém como Deus Ele revela Deus para nós (Jo 1.18; 14.9).[142]

Jesus é a imagem, não a imitação, de Deus. A palavra "imagem" significa uma representação e uma revelação exata.[143] Ralph Martin diz que Cristo não é uma cópia de Deus, mas a encarnação do divino no mundo dos homens.[144] Tudo que Deus é, o é igualmente Jesus, declara

Silas Falcão.[145] "Quem me vê a mim vê o Pai", disse Jesus (Jo 14.9). "Eu e o Pai somos um" (Jo 10.30). O autor aos Hebreus diz: "Ele é a expressão exata do Seu ser" (Hb 1.3). O apóstolo Paulo é categórico: "Porquanto, Nele, habita, corporalmente, toda a plenitude da Divindade" (2.9).

Werner de Boor diz que a invisibilidade de Deus é que constitui o apuro religioso. Por causa dela, pode-se duvidar de Deus e até negá-lo. Por causa dela, todas as religiões do mundo têm incontáveis "imagens" de Deus, pintadas e talhadas, fundidas e esculpidas em mármore, ajeitadas com idéias e conceitos, rudes e nobres. Nenhuma, porém, satisfaz o ser humano que busca e indaga. "Mostra-nos o Pai, e isso nos basta!" (Jo 14.8) – esse é o clamor do coração humano. Deus, porém, não deixou essa busca e esse clamor sem resposta. Há uma imagem que lhe corresponde inteiramente, "o Filho do Seu amor". Jesus disse: "Quem me vê a mim vê o Pai" (Jo 14.9).[146]

Jesus Cristo é a exegese de Deus. Ele é o verdadeiro Deus de verdadeiro Deus. Em Cristo, o Deus invisível tornou-se visível e palpável (Jo 1.14; 1Jo 1.1-4). Ele é o espelho por meio do qual contemplamos a face de Deus. O Deus invisível tornou-se visível a nós por meio de Cristo. O Deus transcendente tornou-se carne e habitou entre nós por meio de Cristo. Aquele que habita na luz inacessível entrou na nossa história e nos revelou o coração do Pai. Quem quiser saber quem é Deus, olhe para Jesus:

- João 1.18 – "Ninguém jamais viu a Deus; o Deus unigênito que está no seio do Pai é quem o revelou".
- Hebreus 1.3 – "Ele, que é o resplendor da glória e a expressão exata do seu ser".
- Colossenses 1.15 – "Ele é a imagem do Deus invisível".

- Colossenses 2.9 – "Porquanto, Nele, habita, corporalmente, toda a plenitude da divindade".
- João 14.9 – "Quem me vê a mim vê o Pai".
- João 10.30 – "Eu e o Pai somos um".

Quem quer saber como é Deus, considere atentamente a pessoa de Jesus Cristo: Seu amor e Sua indignação; Sua misericórdia e Sua denúncia dos hipócritas; Sua humildade e Sua majestade; Sua atitude de servo e Seu senhorio.[147]

O fato de Cristo ter vindo do céu à terra mostra-nos que Ele é o único que pode nos levar da terra ao céu; o fato de Ele ter encarnado mostra-nos que Deus não está longe de nós; o fato de Ele ter vivido como homem, ministrando ajuda e socorro aos necessitados, mostra que Deus se importa com o homem; o fato de Ele ter morrido na cruz pela mão dos homens pecadores mostra-nos que Deus ama infinitamente a humanidade a ponto de dar Seu Filho para salvá-la.[148]

Em segundo lugar, *Jesus Cristo tem a mais alta honra na criação* (1.15b). A expressão "primogênito da criação", *prototokos,* não se refere à natureza temporal, ao tempo de nascimento; antes, é um título de honra.[149] Significa que Jesus é o primeiro em importância.[150] Carrega a idéia de prioridade, superioridade, preeminência e supremacia.[151] A palavra enfatiza a preexistência e singularidade de Cristo, bem como a Sua superioridade sobre a criação. William Hendriksen é enfático ao dizer que o fato de Jesus ser o "primogênito da criação" não significa que Ele mesmo é uma criatura (o primeiro de uma grande linhagem); ao contrário, Ele é anterior a, distinto de, e exaltado muito acima de toda criatura. Como primogênito, Ele é o herdeiro e governante de tudo.[152]

Como já dissemos, o texto não significa que Jesus é o primeiro ser criado; ao contrário, refere-se a Jesus como cabeça e soberano da criação.[153] Cristo recebe a mais alta honra na criação: Ele tem autoridade sobre toda a criação; é o herdeiro de toda a criação e é o mais exaltado por meio da criação. Ralph Martin diz que Cristo é o Senhor da criação e não tem rival na ordem criada.[154]

Em terceiro lugar, *Jesus Cristo é o autor da criação* (1.16). Jesus Cristo não é uma emanação de Deus, como ensinavam os gnósticos. Não é um espírito iluminado como ensinam os espíritas. Não é o primeiro ser criado como ensinavam os arianos e ainda ensinam os testemunhas de Jeová. Ele é o criador do universo.

Três verdades importantes são destacadas por Paulo.

a. Jesus Cristo é a fonte da criação. Paulo diz: "Pois, nele, foram criadas todas as coisas, nos céus e sobre a terra, as visíveis e as invisíveis, sejam tronos, sejam soberanias, quer principados, quer potestades..." (1.16a). A criação é um fato histórico, pois aconteceu num tempo definido, que a Bíblia chama de "o princípio". Diz a Escritura: "No princípio criou Deus os céus e a terra" (Gn 1.1). Cristo, o verbo dinâmico da criação, trouxe à existência o que não existia. Tudo foi feito por Ele, e nada do que foi feito sem Ele se fez (Jo 1.3). O coração de Cristo desejou o mundo; a mente de Cristo planejou o mundo; a vontade de Cristo concebeu o mundo e a palavra de Cristo trouxe o mundo à existência.[155]

A expressão "nele", *en autou*, denota Cristo como a esfera dentro da qual a obra da criação ocorreu. Todas as leis e propósitos que guiam a criação, bem como o governo do universo, residem Nele.[156] Jesus é a fonte originária de tudo o que existe no céu e na terra. As galáxias do vasto universo foram obras das Suas mãos. O mundo visível e o invisível são obras de Cristo. Tudo o que o olho humano é capaz de perceber, assim como o invisível ou que está fora do alcance dos sentidos humanos, tudo se originou no plano e no poder do Senhor.[157]

O mundo físico foi criado por Ele e também o mundo espiritual. Os anjos não são emanações de Deus, como ensinavam os gnósticos. Eles também foram criados por Cristo. Não é de admirar, diz Warren Wiersbe, que os ventos e as ondas lhe obedecessem e que as enfermidades e a morte desaparecessem diante dele.[158] Werner de Boor, na mesma linha de raciocínio, escreve:

> Aquele por meio de quem o corpo humano foi criado toca corpos enfermos e deformados. Aquele por meio de quem Deus chamou à existência o cereal e o vinho multiplica o pão e transforma a água. O mar carrega prontamente o primogênito de toda a criação, o vento e as ondas silenciam diante daquele que é o Senhor deles! E o serviço solícito dos anjos evidencia que os grandes poderes espirituais do cosmos de fato jazem aos pés de sua extraordinária sublimidade.[159]

b. Jesus Cristo é o agente da criação. Paulo prossegue: "Tudo foi criado por meio dele" (1.16b). A expressão "por meio dele", *di autou,* descreve Cristo como o instrumento imediato da criação.[160] Cristo é o agente do poder criador de Deus. Ele é o verbo criador (Gn 1.3; Jo 1.3). As galáxias, os mundos estelares, os anjos, os homens e todo o universo foram criados por meio Dele. Ele trouxe tudo à existência.

c. Jesus Cristo é o alvo da criação. Paulo conclui: "... tudo foi criado [...] para ele" (1.16c). A expressão "para ele", *eis auton,* indica que Cristo é o alvo da criação. O mundo foi criado para o Messias.[161] O universo tem uma grande finalidade: render a Jesus todo o louvor e glória. Desde os bilhões de sóis que compõem as galáxias espalhadas pelo firmamento, até os microorganismos que não podem ser vistos a olho nu, tudo rende glória ao criador. Diante Dele todo o joelho deve prostrar-se no céu, na terra e debaixo da terra e confessar que Jesus Cristo é o Senhor para a glória de Deus Pai. O universo inteiro deve celebrar a glória de Jesus (Sl 19.1-6; Ap 5.13). Quando contemplamos o universo à noite e vemos oceanos de estrelas acima de nós – é por meio de Jesus e para Jesus que essas imensas esferas ardentes seguem Sua trajetória. Mas também a pequena flor silvestre que ninguém vê e considera – é por meio de Jesus e para Jesus que ela floresce![162]

Todas as coisas existem em Cristo, por Cristo e para Cristo. Ele é a esfera, o agente e o alvo para quem todas as coisas foram feitas. Warren Wiersbe diz que Jesus Cristo é o âmbito da existência de todas as coisas, o agente por meio do qual tudo veio a existir e aquele para o qual tudo foi criado.[163] Paulo usa três preposições para descrever a preeminência de Cristo na criação: Nele, por meio Dele e para Ele (1.16). Os filósofos gregos ensinavam que todas as coisas precisavam de uma causa primária, de uma causa instrumental e de uma causa final. A causa primária é o plano; a causa instrumental é o poder; e a causa final é o propósito. Quando olhamos para a criação, podemos ver que Jesus é a causa primária (foi Ele quem a planejou). Ele é também a causa instrumental (foi Ele quem a realizou). Ele é ainda a causa final (foi Ele quem a fez para o Seu próprio prazer e glória).[164] A criação existe, portanto, para dar glória a Cristo.

Em quarto lugar, *Jesus Cristo preexiste à criação, é independente da criação e maior do que toda a criação* (1.17a). Paulo diz: "Ele é antes de todas as coisas". Jesus é antes de todas as coisas tanto em tempo como em importância.[165] Jesus não foi criado, é o criador. Ele não teve origem, é a origem de todas as coisas. Foi Ele quem lançou os fundamentos da terra. Foi Ele quem espalhou as estrelas no firmamento. Ele preexiste a todas as coisas. Antes de tudo começar, Ele existia eternamente em sintonia perfeita e feliz com o Pai e o Espírito Santo. Jesus é eterno e o Pai da Eternidade. Ele habita a eternidade e de eternidade a eternidade Ele é Deus. Ele é auto-existente e auto-suficiente. Ele não depende da criação; não deriva Sua glória da criação, nem dela depende. Ele é eternamente o mesmo. Ele é imutável (Hb 13.8). Ele é o Alfa e Ômega, Aquele que está antes, acima e além da criação!

Em quinto lugar, *Jesus Cristo é o sustentador da criação* (1.17b). Paulo conclui: "Nele, tudo subsiste". A palavra grega *sunesteken,* "sustentar, manter", revela o princípio de coesão do universo. Deus mesmo é a fonte unificadora que mantém todo o universo em funcionamento harmônico. Isto se aplica às grandes coisas no universo e também às menores.[166] Jesus é o centro de coerência e coesão do universo. É Jesus quem interliga e dá simetria a todas as leis da física, da química, da biologia e da astronomia.[167] William Hendriksen diz que as assim chamadas "leis da natureza" não têm uma existência *independente.* Elas são a expressão da vontade de Deus. E só é possível falar de leis porque Deus se deleita na ordem e não na confusão.[168] Nele vivemos, nos movemos e existimos (At 17.28). Pois Ele mesmo é quem a todos dá vida, respiração e tudo mais (At 17.25).

Todas as leis pelas quais o universo é uma ordem, e não um caos, refletem a mente de Cristo. A lei da gravidade e as assim chamadas leis científicas não são apenas leis científicas, mas também e sobretudo leis divinas. São as leis que dão sentido ao universo. Essas leis fazem que esse mundo seja digno de confiança e seja seguro. Toda lei da ciência é de fato uma expressão do pensamento divino. É por essas leis e, portanto, pela mente de Deus, que o universo tem consistência e não se desintegra em um caos.[169] O mundo tem leis, e essas leis científicas são estabelecidas por Cristo e são leis divinas. Cristo é o centro de coesão de todo o universo físico e espiritual (Ef 1.10).

NOTAS DO CAPÍTULO 4

[124] WIERSBE, Warren W. *Comentário bíblico expositivo*, p. 150.
[125] Autor desconhecido. *The teacher's outline and study bible on Colossians*, p. 41.
[126] BOOR, Werner de. *Carta aos Efésios, Filipenses e Colossenses*, p. 289.
[127] SHEDD, Russell. *Andai nele*, p. 27.
[128] RIENECKER, Fritz e ROGERS, Cleon. *Chave lingüística do Novo Testamento Grego*, p. 420.
[129] BARCLAY, William. *Filipenses, Colosenses, I y II Tesalonicenses*, p. 119.
[130] MARTIN, Ralph P. *Colossenses e Filemom*, p. 64.
[131] HENDRIKSEN, William. *Colosenses y Filemon*, p. 78.
[132] BARCLAY, William. *Filipenses, Colosenses, I y II Tesalonicenses*, p. 119,120.

[133] RIENECKER, Fritz e ROGERS, Cleon. *Chave lingüística do Novo Testamento Grego*, p. 420.
[134] WIERSBE, Warren W. *Comentário bíblico expositivo*, p. 150.
[135] WIERSBE, Warren W. *Comentário bíblico expositivo*, p. 150,151.
[136] SHEDD, Russell. *Andai nele*, p. 28.
[137] BOOR, Werner de. *Carta aos Efésios, Filipenses e Colossenses*, p. 290.
[138] HENDRIKSEN, William. *Colosenses y Filemon*, p. 82.
[139] Autor desconhecido. *The preacher's outline and study bible on Colossians*, p. 52.
[140] WALDVOGEL, Luiz. *Vencedor em todas as batalhas*. São Paulo: Casa Publicadora Brasileira, 1968, p, 82,83.
[141] LOPES, Hernandes Dias. *Morte na panela*, p. 54.
[142] BARTON, Bruce B. et al. *Life application bible commentary on Phillipians, Colossians and Philemon*, p. 161.
[143] WIERSBE, Warren W. *Comentário bíblico expositivo*, p. 151.
[144] MARTIN, Ralph P. *Colossenses e Filemom*, p. 68.
[145] FALCÃO, Silas Alves. *Meditações em Colossenses*, p. 39.
[146] BOOR, Werner de. *Carta aos Efésios, Filipenses e Colossenses*, p. 292.
[147] SHEDD, Russell. *Andai nele*, p. 29.
[148] Autor desconhecido. *The teacher's outline and study bible on Colossians*, p. 47.
[149] BARCLAY, William. *Filipenses, Colosenses, I y II Tesalonicenses*, p. 128.
[150] WIERSBE, Warren W. *Comentário bíblico expositivo*, p. 151.
[151] Autor desconhecido. *The preacher's outline and study bible on Colossians*, p. 50.
[152] HENDRIKSEN, William. *Colosenses y Filemon*, p. 88.
[153] RIENECKER, Fritz e ROGERS, Cleon. *Chave lingüística do Novo Testamento Grego*, p. 420.
[154] MARTIN, Ralph P. *Colossenses e Filemom*, p. 68.
[155] Autor desconhecido. *The preacher's outline and study bible on Colossians*, p. 53.
[156] RIENECKER, Fritz e ROGERS, Cleon. *Chave lingüística do Novo Testamento Grego*, p. 420.
[157] SHEDD, Russell. *Andai nele*, p. 30.
[158] WIERSBE, Warren W. *Comentário bíblico expositivo*, p. 151.
[159] BOOR, Werner de. *Carta aos Efésios, Filipenses e Colossenses*, p. 294.
[160] RIENECKER, Fritz e ROGERS, Cleon. *Chave lingüística do Novo Testamento Grego*, p. 421.

[161] RIENECKER, Fritz e ROGERS, Cleon. *Chave lingüística do Novo Testamento Grego*, p. 421.
[162] BOOR, Werner de. *Carta aos Efésios, Filipenses e Colossenses*, p. 293.
[163] WIERSBE, Warren W. *Comentário bíblico expositivo*, p. 151.
[164] WIERSBE, Warren W. *Comentário bíblico expositivo*, p. 151,152.
[165] BARTON, Bruce B. et al. *Life application bible commentary on Philippians, Colossians and Philemon*, p. 164.
[166] RIENECKER, Fritz e ROGERS, Cleon. *Chave lingüística do Novo Testamento Grego*, p. 421.
[167] SHEDD, Russell. *Andai nele*, p. 31.
[168] HENDRIKSEN, William. *Colosenses y Filemon*, p. 86.
[169] BARCLAY, William. *Filipenses, Colosenses, I y II Tesalonicenses*, p. 128,129.

Capítulo 5

As excelências da pessoa e da obra de Cristo
(Cl 1.18-23)

NENHUMA DOUTRINA foi mais atacada ao longo dos séculos do que a doutrina de Cristo. Os primeiros concílios gerais da Igreja em Nicéia, Constantinopla e Calcedônia trataram quase exclusivamente da cristologia. Ainda hoje, muitos se levantam com infâmia para atacar o eterno Filho de Deus, tentando despojá-lo de Sua divindade ou de Sua perfeita humanidade. Colossenses é o grande tratado cristológico do Novo Testamento. Daí a relevância desta carta.

Já no capítulo primeiro desta epístola, o apóstolo Paulo apresenta quatro relações básicas de Jesus:

Sua relação com a divindade. Ele é a imagem do Deus invisível, em quem habita toda a plenitude da divindade. Ele é a segunda Pessoa da Trindade, aquele que se esvaziou, deixou a glória e desceu até nós para nos salvar.

Sua relação com a criação. Ele é o criador e o sustentador de todas as coisas criadas, quer visíveis, quer invisíveis. Ele é a fonte, o agente e o propósito da criação.

Sua relação com a salvação. Ele é o redentor, o agente da reconciliação. Por meio do Seu sangue temos paz com Deus. Por Sua morte temos vida eterna.

Sua relação com a Igreja. Ele é o cabeça da Igreja, o dono da Igreja, o Senhor da Igreja, aquele que sustenta, dirige e protege a Igreja.

A relação de Jesus com a Igreja (1.18,19)

Destacaremos alguns pontos importantes sobre a relação de Cristo com a Igreja.

Em primeiro lugar, *Cristo é a cabeça da Igreja* (1.18). William Hendriksen diz que, nas primeiras cartas de Paulo, ele não escreveu acerca de Cristo como a cabeça da Igreja, mas da Igreja como o corpo de Cristo. Seu propósito naquelas cartas era mostrar que um único corpo tem muitos membros; seu objetivo em Colossenses, entretanto, é mostrar que Cristo governa toda a Igreja. Em Colossenses vemos a preeminência de Cristo.[170]

Assim como um corpo não tem vida sem a cabeça, uma Igreja não existe à parte de Cristo. Se Cristo não é a cabeça da Igreja, ela está morta. A cabeça da Igreja não é o papa, mas Cristo. Jesus é o fundamento, o dono, o edificador e o protetor da Igreja (Mt 16.18). Warren Wiersbe diz que nenhum cristão na terra é cabeça da Igreja. Vários líderes religiosos podem ter fundado congregações ou denominações, mas somente Jesus Cristo é o fundador da Igreja.[171]

Abordando esse mesmo texto, William Hendriksen fala que Cristo é cabeça da Igreja em dois aspectos: no sentido orgânico e como governante.[172]

a. Cristo é a cabeça orgânica da Igreja. A palavra "cabeça" significa fonte e origem. A Igreja tem sua origem em Cristo. A Igreja só tem vida em Cristo. Estávamos mortos e Ele nos deu vida. Cristo é a fonte de poder, alegria e vida da Igreja. Assim como o corpo não existe sem a cabeça, a Igreja não tem vida sem Cristo. Fomos escolhidos em Cristo, remidos por Cristo, estamos escondidos com Cristo, seguros nas mãos de Cristo, assentados com Ele nas regiões celestes. Morremos com Ele, ressuscitamos com Ele e com Ele viveremos eternamente.

b. Cristo é a cabeça governante da Igreja. A palavra "cabeça" significa também aquele que governa, controla e dirige. Só Cristo tem autoridade e poder para controlar e comandar a Igreja. O corpo age, mas é a cabeça que comanda o corpo. É a cabeça que planeja para o corpo, dirige o corpo, guia o corpo, inspira o corpo, ergue o corpo, energiza o corpo e controla o corpo.[173] Todos os movimentos e ações do corpo procedem da cabeça. Se o corpo não segue a orientação que emana da cabeça, entra em colapso e age para sua própria destruição. A Igreja deve estar sujeita a Cristo. A glória da Igreja é ser submissa a Ele. Quanto mais a Igreja está sujeita a Cristo, mais livre, saudável e feliz ela é.

Em segundo lugar, *Cristo é a fonte da Igreja* (1.18b). A palavra grega *arque* significa "começo, princípio, origem". Refere-se à prioridade temporal e ao poder originador, revelando que Cristo é a fonte da Igreja.[174] A Igreja tem sua origem Nele. O catolicismo romano diz: *Ubi Petros, ibi eclesia,* "onde está Pedro, aí está a Igreja", mas a Palavra de Deus diz: *Ubi Cristos, ibi eclesia,* "onde está Cristo, aí está a

Igreja". Jesus é quem supre a Igreja através dos dons e através do poder do Seu Espírito e da Sua Palavra. A posição que o pontífice romano ocupa é uma usurpação. A Igreja está edificada sobre Cristo e não sobre o papa.

William Barclay diz que a palavra *arque* tem duplo sentido. Significa "primeiro" no sentido temporal, por exemplo, *A* é o princípio do alfabeto, e *1* é o princípio dos números. Também significa "primeiro" no sentido de poder ordenador, de fonte de onde provém algo. É o poder que coloca algo em movimento.[175] Cristo tem a primazia no céu e na terra. Ele tem primazia na Igreja e em todo o universo.

A palavra *arque* tem ainda o significado de "poder criador".[176] A Igreja é a idéia da Sua mente, o plano do Seu coração, o desejo da Sua vontade, a obra do Seu penoso trabalho, o resultado do Seu amor e o objeto do Seu cuidado.

Em terceiro lugar, *Cristo é o vencedor da morte* (1.18c). A ressurreição de Cristo é a razão de existir da Igreja. Se Cristo não tivesse ressuscitado dentre os mortos, não haveria Igreja. O sepulcro vazio é o berço onde nasceu a Igreja. Embora a Igreja seja una e Deus só tenha uma Igreja, a noiva de Cristo, composta por todos os remidos, salvos desde Abel até a última pessoa a ser alcançada pela graça, podemos dizer que, sem a ressurreição de Cristo, não haveria redenção para os pecadores.

A ressurreição de Cristo prova que existe uma nova vida disponível para Seu povo. A ressurreição de Cristo é também o poder pelo qual a Igreja vive.[177] Cristo é o primogênito dentre os mortos. Ele não apenas ressuscitou como aconteceu a outras pessoas; Ele ressuscitou para nunca mais morrer. Ele arrancou o aguilhão da morte, matou a morte e triunfou sobre ela. A morte agora não tem mais a última palavra. Ela não pode mais infundir terror naqueles que receberam vida em Cristo. Ele abriu o caminho como o primeiro da fila de muitos filhos de Deus que serão conduzidos à glória eterna. Jesus afirmou: "Eu sou a ressurreição e a vida. Quem crê em mim, ainda que morra viverá" (Jo 11.25). Quando Ele se apresenta ao apóstolo amado, no exílio, exclama: "Não temas; eu sou o primeiro e o último. E aquele que vive; estive morto, mas eis que estou vivo pelos séculos dos séculos, e tenho as chaves da morte e do inferno" (Ap 1.18).

Cristo não é um herói morto ou um fundador do passado, mas uma presença viva, o autor da vida e o conquistador da morte.[178] Quem Nele crê não morre eternamente.

Em quarto lugar, *Cristo é aquele que tem total preeminência em todo o universo* (1.18d). William Barclay diz que a ressurreição de Cristo lhe deu o título de Senhor supremo. Pela ressurreição, Cristo venceu a todo inimigo e a todo poder adverso, e não há nada na vida ou na morte que possa sujeitá-lo ou contê-lo.[179] Pela ressurreição, o Pai exaltou Jesus e lhe deu o nome que está acima de todos os nomes, para que ao nome de Jesus se dobre todo joelho, nos céus, na terra e debaixo da terra (Fp 2.9,10). Em todo o universo somente Cristo foi achado digno de abrir o Livro e lhe desatar os selos (Ap 5.5). E, quando Ele recebeu o livro, todo o céu se prorrompeu em louvor ao Cordeiro preeminente (Ap 5.12,13). Ele é preeminente na criação, na salvação, na Igreja e em todo o universo.

Jesus foi exaltado à mão direita de Deus Pai (Mt 16.19). Ele recebeu o nome que está acima de todo nome (Fp 2.9). Foi feito Senhor e Cristo (At 2.36) e exaltado sobre todos (Jo 3.31). Ele é o Senhor de vivos e de mortos (Rm 14.9). Tem mais glória do que os maiores homens (Hb 3.3). Seu nome é mais glorioso do que o dos anjos (Hb 1.5). Ele é o Alfa e o Ômega (Ap 1.11). Tem todas as coisas debaixo dos Seus pés (Ef 1.22). Todas as coisas estão sujeitas a Ele (1Pe 3.22).

Em quinto lugar, *Cristo é aquele em quem reside toda a plenitude* (1.19). Tudo quanto Deus é habita em Cristo. A palavra grega *pleroma*, "plenitude", neste contexto, descreve a soma de todos os atributos e poderes divinos.[180] Toda a plenitude da divindade e todos os atributos divinos residem em Cristo. Essa plenitude "não consistia em algo acrescentado a Seu ser como algum elemento não natural, mas sim algo que era parte permanente de Sua essência".[181]

Russell Shedd diz que o termo *pleroma* denominava, para os gnósticos, todas as emanações que ocupavam o espaço entre o deus espiritual e o mundo material. Provavelmente, é neste sentido que Paulo deseja que seus leitores concebam Cristo, como aquele que preencheria totalmente qualquer necessidade que eles tivessem de alcançar o Deus verdadeiro.[182]

A palavra grega *katoikesai*, "residir", não significa uma residência temporária, mas uma habitação necessária e permanente. É estar em casa permanentemente.[183] Warren Wiersbe, a respeito do mesmo tema, diz que essa palavra significa "estar no lar em caráter permanente".[184] A plenitude não foi alguma coisa acrescentada a Cristo, mas algo que Ele sempre possuiu. A plenitude sempre foi parte do Seu ser. O evangelista João registra: "Porque todos nós temos recebido da sua plenitude e graça sobre graça" (Jo 1.16). O apóstolo Paulo afirma: "Porquanto, nele, habita, corporalmente, toda a plenitude da Divindade" (2.9). Aqui está um dos mais sublimes mistérios da revelação divina, a pessoa teantrópica de Cristo. Ele é perfeitamente Deus e perfeitamente homem. Ele é eternamente gerado do Pai. Luz de luz, co-igual, coeterno e consubstancial com o Pai. Aquele que criou os mundos estelares e as hostes incontáveis de anjos, aquele que lançou as colunas do universo e conhece cada estrela pelo Seu nome, esvaziou-se, fez-se carne, fez-se homem, fez-se pobre, nasceu numa manjedoura, cresceu numa carpintaria e morreu numa cruz, mas Nele habitava corporalmente toda a plenitude da divindade.

A relação de Jesus com a reconciliação (1.20-23)

A palavra grega *apokatalassein*, "reconciliação", é muito sugestiva. Significa mudar da inimizade para amizade. A preposição prefixada tem o significado de "volta" e implica a restituição de um estado do qual a pessoa se separou. O significado é efetuar uma completa reviravolta.[185] Werner de Boor diz que *apokatalassein* é "colocar algo de volta em sua devida ordem".[186] Destacaremos quatro pontos essenciais sobre a relação de Cristo com a reconciliação.

Em primeiro lugar, *a fonte da reconciliação* (1.20). Alguns pontos precisam ser aqui ressaltados:

a. Há uma profunda necessidade de reconciliação entre Deus e o homem. O homem não está em paz com Deus. O pecado o afastou de Deus. O homem tornou-se inimigo de Deus e rebelde contra o Seu criador. Sua alma está sem descanso, perturbada, solitária e vazia. O homem está sem direção e sem propósito. O homem não está em paz com Deus, não experimenta a paz de Deus, nem conhece o Deus da paz.

b. Foi Deus, e não o homem, quem tomou a iniciativa da reconciliação. O Novo Testamento jamais fala de Deus reconciliado com os homens, mas dos homens reconciliados com Deus. A atitude de Deus para os homens foi sempre e incessantemente de amor.[187] Deus tomou a iniciativa de nos reconciliar consigo mesmo. Não é o homem quem busca a Deus, é Deus quem busca o homem. Diz o apóstolo Paulo: "Ora, tudo provém de Deus, que nos reconciliou consigo mesmo por meio de Cristo..." (2Co 5.18). Não foi o sacrifício de Cristo que mudou o coração de Deus. Antes, a cruz foi resultado do Seu amor. Na cruz de Cristo, Deus mostrou Seu repúdio ao pecado e Seu amor ao pecador. O amor de Deus é eterno, imutável, incondicional e sacrificial. Ele ama infinitamente os objetos da Sua própria ira. Sendo nós filhos da ira, Ele nos amou com amor eterno. Sendo nós pecadores rebeldes, nos deu Seu Filho. Li algures uma dramática história ocorrida com uma família que vivia numa fazenda no interior do Estado do Espírito Santo. O filho de um fazendeiro tornou-se um jovem rebelde e brigou com o pai, saindo de casa com a disposição de jamais voltar. A mãe desse filho pródigo chorava todos os dias e não conseguia assentar-se à mesa para as refeições ao ver sua cadeira vazia. Aquela mulher chegou a ponto de adoecer e cair de cama, tomada de profunda fraqueza e tristeza. O fazendeiro buscou um médico para examiná-la. Depois que o doutor a examinou, constatou que não havia enfermidade em seu corpo, mas uma profunda tristeza em sua alma. Recomendou, então, ao fazendeiro que trouxesse o filho de volta às pressas, se quisesse ver sua esposa salva. O fazendeiro enviou seus empregados à procura do rapaz. Encontraram-no depois de alguns dias. O jovem retornou a casa. Ao entrar por uma porta, o pai saiu pela outra. A mãe estava prostrada na cama já em adiantado estado de debilidade física e esgotamento emocional. Ao ver o filho entrando no quarto, deu um sorriso e segurou firme em sua mão. Pediu com insistência para ver também o marido. Este, relutando, entrou no quarto. A mulher pegou a mão do marido, uniu-a à mão do filho, cruzou ambas sobre o próprio peito e morreu. Ela deu sua vida para que pai e filho pudessem ser reconciliados. Quando Cristo morreu na cruz, Ele também nos reconciliou com Deus. A diferença daquela história é que o Pai sempre nos buscou e sempre nos amou, e Ele mesmo tomou a iniciativa nos reconciliar consigo por meio do Seu Filho.

c. O sangue de Cristo é a fonte da reconciliação. Não fomos reconciliados com Deus por meio da vida de Cristo, de Seus ensinos nem mesmo de Seus milagres. Fomos reconciliados com Deus mediante a morte substitutiva de Cristo e o derramamento de Seu sangue remidor. A fonte da qual dimana a reconciliação é a cruz de Cristo. Na cruz Deus puniu nossos pecados em Seu Filho (2Co 5.21). A cruz ocupa um lugar central no evangelho (1Co 1.21-23; Gl 1.19,20; 6.14). A cruz revela tanto a justiça quanto o amor de Deus. Deus é justo porque puniu nossos pecados, e é amor porque nos deu Seu Filho Unigênito para morrer em nosso lugar. William Barclay afirma que, na morte de Jesus, Deus nos diz: "Eu amo vocês desta maneira. Eu amo vocês até o extremo de ver meu Filho sofrer e morrer por vocês. Eu os amo tanto que levo a cruz em meu coração".[188]

Em segundo lugar, *o alcance da reconciliação* (1.20b,21). A reconciliação realizada por Cristo tem dois alcances:

a. O universo inteiro (1.20b). A queda dos nossos primeiros pais atingiu não apenas a raça humana, mas também o universo inteiro. Toda a criação ficou sujeita à vaidade (Rm 8.20) e está no cativeiro da corrupção (Rm 8.21). Toda a criação geme (Rm 8.22), aguardando o tempo da Sua redenção. Cristo morreu para trazer restauração ao universo.

A criação natural será redimida do seu cativeiro. Tudo convergirá em Cristo (Ef 1.10).

É importante ressaltar que reconciliação universal não significa salvação universal. O universalismo, a crença de que todos os homens serão salvos, é um grave equívoco. William Hendriksen aponta que a interpretação universalista de Colossenses 1.20 é contrária às Escrituras (Sl 1.1-6; Dn 12.2; Mt 7.13,14; 25.46; Jo 5.28,29).[189] Warren Wiersbe, concordando com esse pensamento, declara:

> Não devemos concluir, equivocadamente, que reconciliação universal é a mesma coisa que salvação universal. O "universalismo" ensina que todos os seres, inclusive os que rejeitaram Jesus Cristo, serão salvos algum dia. Não era isso o que Paulo cria. O conceito de "restauração universal" não fazia parte da teologia de Paulo, pois ele ensinava claramente que os pecadores precisavam crer em Jesus a fim de serem salvos.[190]

Ralph Martin ainda afirma que a intenção de Paulo em dizer que "Deus reconciliou consigo mesmo todas as coisas, quer sobre a terra, quer nos céus", é refutar qualquer idéia de que parte do universo está fora do escopo da obra reconciliadora de Cristo; e, especialmente, ressaltar que não há poder estranho ou força espiritual hostil que possa operar a destruição na igreja. A garantia forma um paralelo distinto com Romanos 8.38,39, e sua base lógica vem mais em 2.15.[191]

b. Os pecadores perdidos (1.21). Os colossenses, assim como todos os gentios, eram estranhos e inimigos, ou seja, havia uma alienação de Deus e uma hostilidade em relação a Deus. O homem não apenas está distante de Deus; ele é inimigo de Deus. Ele não está apenas cego; é também rebelde. A inimizade é conceitual e moral. O entendimento errado produz obras erradas. O pensamento dirige o comportamento. As obras malignas são fruto de entendimentos errados. Ralph Martin diz que "obras malignas" sugerem, uma combinação de idolatria e de imoralidade, como em Romanos 1.21-32.[192]

Em terceiro lugar, *as bênçãos da reconciliação* (1.20,22,23). Destacamos três bênçãos gloriosas da reconciliação:

a. Quanto ao passado, temos paz com Deus (1.20). A palavra grega *eirene*, "paz", significa mais do que um fim às hostilidades. Tem um conteúdo positivo e aponta para a presença de bênçãos positivas e espirituais, tanto individual quanto socialmente.[193] Nossa relação com Deus foi restaurada. Não há mais barreira entre nós e Deus (Rm 5.1). Fomos justificados, a inimizade foi tirada, o muro da separação foi quebrado e a condenação, cancelada (Rm 8.1). Estamos quites com a lei e com a justiça de Deus. Toda a justiça de Cristo foi imputada a nós (2Co 5.21). Temos, agora, paz com Deus, a paz de Deus e o Deus da paz.

b. Quanto ao presente, temos vida de santidade (1.22). Deus não apenas nos reconciliou consigo por meio de Cristo, mas nos deu nova vida. A finalidade da reconciliação é a santidade. Três termos descrevem essa mudança:

Somos *santos*. Russel Shedd diz que esses pecadores, que antes serviam prazerosamente a Satanás, são agora santos, inteiramente consagrados e separados para Deus.[194]

Somos *inculpáveis*. A palavra grega *amomos* significa "sem mancha". Na Septuaginta, a palavra era usada como um termo técnico para designar a ausência de qualquer coisa errada em um sacrifício, de qualquer coisa que pudesse torná-lo indigno de ser oferecido.[195] Essa mesma palavra é usada por Pedro para comunicar a qualidade de Cristo, o "Cordeiro sem defeito" (1Pe 1.19).

Somos *irrepreensíveis*. A palavra grega *anenkletos* significa "sem acusação, livre de qualquer acusação, irrepreensível". É uma palavra legal indicando que não há acusação jurídica que possa ser levantada contra a pessoa".[196] Ralph Martin diz que a reconciliação significa que, doravante, nenhuma acusação será feita contra o cristão, visto ser ele declarado inculpável e inocente aos olhos de Deus.[197] Não haverá cheiro de escândalo nem crítica válida que o inimigo da nossa alma possa lançar contra os convidados das bodas do Cordeiro. Os salvos estarão absolutamente imunes ao castigo que os seus pecados merecem. Toda iniqüidade foi lançada sobre o Filho perfeito (Is 53.6).[198]

c. Quanto ao futuro, temos a esperança do evangelho (1.23). A reconciliação corrige uma alienação passada (1.21), oferece-nos bênçãos presentes (1.22) e garante-nos a glorificação futura (1.23). A esperança do evangelho é a esperança da glória (1.5; 1.27; Jo 17.24). Werner de Boor diz que evangelho sem escatologia não é evangelho.[199] A esperança do evangelho é a "bendita esperança" da volta de nosso Senhor (Tt 2.13). Warren Wiersbe nos ajuda a entender esse ponto ao escrever:

> Houve um tempo em que os gentios de Colossos não tinham esperança (Ef 2.12), pois viviam sem Deus. Porém, quando foram reconciliados com Deus, receberam uma esperança maravilhosa de glória. Um dia, todos os filhos de Deus estarão com Cristo no céu (Jo 17.24). Na realidade, nosso futuro é tão certo que, segundo o apóstolo, já fomos glorificados (Rm 8.30). Estamos apenas aguardando a revelação dessa glória quando Jesus Cristo voltar (Rm 8.17-19).[200]

Em quarto lugar, *as evidências da reconciliação* (1.23). A reconciliação com Deus não é uma licença para pecar, mas um motivo solene para vivermos mais apegados ao evangelho. A reconciliação exige lealdade. Nenhuma pessoa pode ter segurança de que foi reconciliada com Deus se está vivendo na prática do pecado. Deus não nos salva no pecado, mas do pecado. A reconciliação é um traslado do reino das trevas para o reino da luz, da escravidão para a liberdade, do pecado para a santidade, da morte para a vida.

O apóstolo destaca duas evidências, sem as quais não há garantia de reconciliação com Deus:

a. A firmeza na fé evangélica (1.23b). O salvo não é como um caniço agitado pelo vento. Ele não é como a palha que o vento dispersa. Suas bases estão plantadas no verdadeiro e único fundamento que é Cristo. Ele é como uma casa construída sobre a rocha. Concordo, entretanto, com Warren Wiersbe, quando ele diz: "Ninguém é salvo pelo fato de permanecer na fé, mas o fato de permanecer na fé prova que é salvo".[201] Os salvos são aqueles que perseveram na fé até o fim (Mt 24.13). Esta perseverança na comunhão de Cristo é a única base válida para a segurança da salvação (Jo 15.2-6).

b. A constância na esperança do evangelho (1.23b). Os que se afastam da esperança do evangelho nunca foram reconciliados com Deus. Russell Shedd diz que quem se afasta daquele que é o único capaz de salvar não deve pensar que a fé efêmera do passado lhe garantirá automaticamente as bênçãos do futuro.[202] No desvio do cristão com relação à esperança do evangelho não só operam os agentes externos, como os falsos mestres, as doutrinas enganosas, Satanás etc., mas também a vontade, isto é, a vontade do cristão. Embora as tentações surjam para nos desviar, devemos resistir a elas. Não nos devemos entregar como presas fáceis aos salteadores que procuram penetrar a cidadela de nossa alma para roubar o nosso mais precioso bem, "a esperança do evangelho".²⁰³ Silas Alves Falcão ainda alerta:

> Um cristão vencido pelo erro não vive mais numa esfera de gozo e de certeza, de paz e de vitória, de amor e consagração, mas, ao contrário, vive numa esfera de inquietação, dúvida e egoísmo. As especulações filosóficas e religiosas têm um aparente encanto, mas não satisfazem a alma.²⁰⁴

Muitas pessoas, como Demas, fazem parte da Igreja visível, mas amam o presente século e abandam as fileiras de Cristo. Outras, como Judas Iscariotes, ocupam posição de liderança na igreja, porém jamais se converteram e nunca abandonaram a avareza e a cobiça. Há aqueles que parecem ovelhas, mas são lobos. Há joio no meio do trigo; há cabritos no meio das ovelhas; há aqueles que serão lançados nas trevas exteriores porque estão sem vestes nupciais; há aqueles que ficarão de fora das bodas do Cordeiro porque não têm azeite em suas lâmpadas. Há aqueles que profetizaram, expulsaram demônios e até realizaram milagres em nome de Cristo, mas perecerão eternamente porque viveram na iniqüidade (Mt 7.21-23).

Com a expressão "não vos deixando afastar da esperança do evangelho", o apóstolo Paulo utiliza, segundo Russell Shedd, a figura dos estragos decorrentes de um terremoto, capaz de remover um edifício do seu fundamento, destruindo-o. Durante o reinado do imperador Tibério, doze cidades da Ásia Menor foram arrasadas. No ano 60, segundo Tácito, um fortíssimo terremoto abalou Laodicéia, atingindo também Colossos, cidade vizinha.²⁰⁵ Deixar-se levar por ensinamentos falsos é como um abalo sísmico, um terremoto avassalador que destrói os fundamentos da esperança no evangelho. Certamente essa linguagem de Paulo deve ter tocado profundamente os colossenses.

O apóstolo termina a exposição do texto em tela revelando-nos duas grandes verdades:

– *A universalidade do evangelho* (1.23). A expressão "... pregado a toda criatura debaixo do céu" não significa que todos os indivíduos ouviram a mensagem. Declara, ao contrário, o escopo universal, sem a exclusão de classe alguma, nem de grupo algum. Esta é obviamente uma expressão de forte oposição à restrição pelos hereges da sua doutrina secreta a uma roda seleta de pessoas.[206]

O evangelho não tem barreiras lingüísticas, étnicas, culturais, políticas e geográficas. Está destinado a alcançar todos os povos, raças, línguas e nações (Ap 5.9). O evangelho será pregado a todo o mundo antes do fim (Mt 24.14). Ele deve ser anunciado a todas as nações (Mt 28.19) e até aos confins da terra (At 1.8).

Silas Alves Falcão diz que a esperança do evangelho é universal, pois tem bálsamo para confortar todos os corações, em todos os quadrantes do mundo. Os sofrimentos e os anelos da humanidade são mais ou menos iguais em toda a terra. Onde pulsa um coração humano, aí existe ansiedade de paz e segurança. O evangelho prova sua universalidade por satisfazer cabalmente esses anseios humanos, não levando em conta barreiras raciais, sociais ou culturais. Combate um mal universal – o pecado. Apresenta um Salvador universal – Jesus Cristo. Tem um convite universal – convida todos os cansados e oprimidos.[207]

– *O privilégio de ser ministro do evangelho* (1.23). Paulo tem a alegria de dizer que é um ministro do evangelho. A palavra "ministro" usada aqui é *diáconos*. Paulo é um servo do evangelho. Ele não usa o evangelho para benefício próprio; ele serve ao evangelho. Concordo com William Hendriksen, quando ele afirma: "Um ministro do evangelho é aquele que conhece o evangelho, foi salvo pelo Cristo do evangelho e com alegria proclama a outros o evangelho. Deste modo serve a causa do evangelho".[208]

NOTAS DO CAPÍTULO 5

[170] HENDRIKSEN, William. *Colosenses y Filemon*, p. 93.
[171] WIERSBE, Warren. *Comentário bíblico expositivo*, p. 152.
[172] HENDRIKSEN, William. *Colosenses y Filemon*, p. 93.
[173] Autor desconhecido. *The teacher's outline and study bible on Colossians*, p. 59.
[174] RIENECKER, Fritz e ROGERS, Cleon. *Chave lingüística do Novo Testamento Grego*, p. 421.
[175] BARCLAY, William. *Filipenses, Colosenses, I y II Tesalonicenses*, p. 130.
[176] Autor desconhecido. *The teacher's outline and study bible on Colossians*, p. 60.
[177] Autor desconhecido. *The teacher's outline and study bible on Colossians*, p. 61,62.
[178] BARCLAY, William. *Filipenses, Colosenses, I y II Tesalonicenses*, p. 130.
[179] BARCLAY, William. *Filipenses, Colosenses, I y II Tesalonicenses*, p. 130.

[180] RIENECKER, Fritz e ROGERS, Cleon. *Chave lingüística do Novo Testamento Grego*, p. 421.
[181] WUEST, Kenneth S. *Ephesians and Colossians in the Greek New Testament*. Eerdmans Publishing House. Grand Rapids, MI. s/d, p. 187.
[182] SHEDD, Russell. *Andai nele*, p. 33.
[183] RIENECKER, Fritz e ROGERS, Cleon. *Chave lingüística do Novo Testamento Grego*, p. 421.
[184] WIERSBE, Warren W. *Comentário bíblico expositivo*, p. 153.
[185] RIENECKER, Fritz e ROGERS, Cleon. *Chave lingüística do Novo Testamento Grego*, p. 421.
[186] BOOR, Werner de. *Carta aos Efésios, Filipenses e Colossenses*, p. 302.
[187] BARCLAY, William. *Filipenses, Colosenses, I y II Tesalonicenses*, p. 131.
[188] BARCLAY, William. *Filipenses, Colosenses, I y II Tesalonicenses*, p. 131.
[189] HENDRIKSEN, William. *Colosenses y Filemon*, p. 98.
[190] WIERSBE, Warren W. *Comentário bíblico expositivo*, p. 154.
[191] MARTIN, Ralph P. *Colossenses e Filemom*, p. 71.
[192] MARTIN, Ralph P. *Colossenses e Filemom*, p. 77.
[193] RIENECKER, Fritz e ROGERS, Cleon. *Chave lingüística do Novo Testamento Grego*, p. 421.
[194] SHEDD, Russell. *Andai nele*, p. 35.
[195] RIENECKER, Fritz e ROGERS, Cleon. *Chave lingüística do Novo Testamento Grego*, p. 422.
[196] RIENECKER, Fritz e ROGERS, Cleon. *Chave lingüística do Novo Testamento Grego*, p. 422.
[197] MARTIN, Ralph P. *Colossenses e Filemom*, p. 78.
[198] SHEDD, Russell. *Andai nele*, p. 35.
[199] BOOR, Werner de. *Carta aos Efésios, Filipenses e Colossenses*, p. 306.
[200] WIERSBE, Warren W. *Comentário bíblico expositivo*. p. 157.
[201] WIERSBE, Warren W. *Comentário bíblico expositivo*, p. 157.
[202] SHEDD, Russell. *Andai nele*, p. 36.
[203] FALCÃO, Silas Alves. *Meditações em Colossenses*, p. 54,55.
[204] FALCÃO, Silas Alves. *Meditações em Colossenses*, p. 55.
[205] SHEDD, Russell. *Andai nele*, p. 36.
[206] BARTON, Bruce B. et al. *Life application bible commentary on Philippians, Colossians and Philemon*, p. 171;

MARTIN, Ralph P. *Colossenses e Filemom*, p. 79.
[207] FALCÃO, Silas Alves. *Meditações em Colossenses*, p. 53.
[208] HENDRIKSEN, William. *Colosenses y Filemon*, p. 103.

Capítulo 6

As marcas do ministério de Paulo
(Cl 1.24– 2.1-3)

DEPOIS DE ENFATIZAR a preeminência de Cristo na obra da criação, providência e redenção; e mostrar ainda a preeminência de Cristo na Igreja, o apóstolo Paulo dá o seu testemunho acerca da excelência do seu ministério.

Ao expor o texto em tela, Russell Shedd destaca quatro marcas do ministério de Paulo: um ministério de alegre sofrimento (1.24), um ministério de serviço (1.25-27), um ministério pastoral (1.28) e um ministério de trabalho (1.29–2.1-4).[209] Vamos seguir esses passos. Acompanhemos, portanto, a trajetória desse gigante do cristianismo e aprendamos com ele ricas lições.

Um ministério de alegre sofrimento (1.24)

Sofrimento e alegria parecem ser coisas mutuamente exclusivas. É quase inconcebível para a mente pós-moderna aceitar a idéia de alegria no sofrimento. Paulo é um cristão e não um masoquista. Ele não tem prazer no sofrimento. Então, por que ele se regozija no sofrimento? Por que Paulo está sofrendo e, mesmo assim, ainda é feliz? Por que e por quem Paulo está sofrendo?

Em primeiro lugar, *o sofrimento de Paulo é por causa de Cristo* (1.24). O apóstolo Paulo escreve: "... e preencho o que resta das aflições de Cristo, na minha carne...". Warren Wiersbe corretamente afirma que o sofrimento de Cristo chegou ao fim, mas Seu corpo, a Igreja, ainda sofre ao permanecer firme na fé. No céu, o cabeça da Igreja sente o sofrimento de Seu povo (At 9.4). Paulo suportava sua parcela de aflições, como outros o fariam depois dele.[210]

O discípulo não é maior do que o seu Mestre (Mt 10.24), nem o servo maior do que o seu senhor (Jo 15.20). Se o mundo perseguiu a Cristo, perseguirá a nós também (Mc 13.13; At 9.4,5; 2Co 4.10; Gl 6.17; Ap 12.13). Os apóstolos se alegravam por serem considerados dignos de sofrer afrontas pelo nome de Jesus (At 5.41). Um cristão não deve sofrer como um ladrão ou malfeitor (1Pe 4.15,16), mas se sofrer por amor a Cristo receberá por isso recompensas especiais (Mt 5.10-12).

Werner de Boor está correto quando afirma que nada mais falta no sofrimento vicário de Cristo e ninguém poderia "completá-lo vicariamente, se Ele, o grande Jesus, o Filho amado, o primogênito de toda a criação, tivesse omitido algo".[211]

Os sofrimentos de Cristo a que Paulo faz menção aqui não correspondem ao Seu sofrimento expiatório.[212] Esse foi completo, cabal e não pode ser completado (2.14; Jo 19.30; Hb 10.11-14). Russell Shedd diz que essas são as aflições relacionadas ao testemunho cristão.[213] Nesse mesmo sentido, Warren Wiersbe afirma que as aflições se referem às pressões da vida, às perseguições que Paulo suportou. Em momento algum esse termo é usado para o sofrimento sacrificial de Jesus Cristo.[214]

Assim como o mundo perseguiu a Cristo, persegue a Igreja por causa de Cristo. Assim, as perseguições aos filhos de Deus são inevitáveis (2Tm 3.12). As aflições de Cristo são a herança dos cristãos.[215] A Igreja não é mais fiel por ser mais perseguida, porém é mais perseguida por ser mais fiel. Silas Falcão corretamente afirma que "as aflições de Cristo" são proporcionais à nossa fidelidade. Os cristãos que não experimentam "as aflições de Cristo" talvez estejam cortando as suas cruzes para torná-las mais leves.[216]

William Hendriksen diz que, embora Cristo não esteja mais presente fisicamente no mundo, as aflições, como setas destinadas a Ele, cravam-se em Seus seguidores. Neste sentido é que todo verdadeiro cristão está sofrendo em Seu lugar (Mc 13.13; Jo 15.18-21; At 9.4,5; 2Co 4.10; Gl 6.17; Fp 3.10).[217] "Essas aflições de Cristo" não terminaram com a Sua morte na cruz. Elas continuam através dos séculos, na vida dos Seus fiéis seguidores.[218]

Os apóstolos se alegravam em sofrer por Cristo (At 5.41). O apóstolo Paulo diz que recebemos o privilégio não apenas de crer em Cristo, mas também de sofrer por Ele (Fp 1.29). Quando o cristão sofre por causa de Cristo, deve considerar isso uma honra (1Pe 4.15,16). Cristo disse que aqueles que sofrem por Ele são bem-aventurados (Mt 5.10-12). Desta maneira podemos verificar que Paulo teve três tipos de sofrimento:[219]

a. Aflições provocadas por inimigos de Cristo (1.24). Paulo enfrentou acusações falsas, motins, conspiração, açoites, cadeias e prisões. Tanto os judeus como os gentios se voltaram contra ele. Foi colocado no banco dos réus e condenado à morte.

b. Sofrimento de cansaço (1.29). Ele diz: "Para isso é que eu me afadigo, esforçando-me o mais possível...". Paulo teve uma agenda congestionada e uma alma atribulada. Enfrentou pressões externas e temores internos. Suas mãos jamais foram remissas no trabalho. Cruzou desertos inóspitos, navegou mares encapelados, percorreu rincões longínquos e pregou a Palavra em liberdade e em prisão, com saúde e também doente, de dia ou de noite. Trabalhou no limite de suas forças e jamais deixou que o cansaço ou o esgotamento físico e mental paralisassem sua ação.

c. Sofrimento na luta de oração (1.29; 2.1). Paulo agonizava em oração em favor da Igreja. Orar para ele era entrar numa batalha agônica (1.29; 2.1). Se ainda houver na igreja líderes dispostos a sofrer na carne, no campo mental e, acima de tudo, na luta espiritual em oração, pode-se ainda esperar grandes investidas contra o território do inimigo.[220]

Em segundo lugar, *o sofrimento de Paulo é por causa dos gentios* (1.24; 2.1). "Agora, me regozijo nos meus sofrimentos por vós...". O apóstolo Paulo foi escolhido apóstolo dos gentios (Ef 3.1-13) e agora estava preso em Roma por causa do seu ministério voltado aos gentios. Em Jerusalém ele foi preso exatamente por causa do seu ministério entre os gentios (At 21.21).

Seu sofrimento pelos gentios não era apenas externo (1.24), mas também interno (2.1). Ele sofria pelos gentios por causa da perseguição e também sofria por causa de sua luta espiritual em favor deles. Paulo sofria até mesmo por aqueles aos quais nunca tinha visto face a face (2.1).

Em terceiro lugar, *o sofrimento de Paulo é pela Igreja* (1.24). Paulo, outrora era motivo de sofrimento para a Igreja, agora, porém, sofre pela Igreja. Antes, ele era perseguidor da Igreja, mas agora é perseguido por causa da Igreja. Antes lutava para destruir a Igreja, agora luta para edificar a Igreja. A Igreja está profunda e inalienavelmente ligada a Cristo. Ela é o Seu corpo, a Sua noiva, a Sua herdeira. O sofrimento por Cristo e pela Sua Igreja, portanto, trouxe-lhe grande alegria. Warren Wiersbe comenta que, ao contrário do que fazem alguns cristãos, o apóstolo não perguntou "O que eu vou ganhar com isso?", mas sim "Quanto Deus permitirá que eu contribua?"[221]

Um ministério de serviço fiel (1.25-27)

Como um servo fiel, Paulo se destacou em três aspectos no seu ministério:

Em primeiro lugar, *Paulo, ministro da igreja* (1.25). Paulo não é apenas "servo", *diácono* de Cristo, mas é também servo da Igreja, ou seja, servo de servos. Ser ministro não é um posto de honras humanas, mas um campo de serviço aos santos. Ser ministro de Cristo não é ser reverenciado e bajulado pelos homens, mas estar a serviço de Cristo e dos homens. No exercício do seu pastorado, Paulo não busca os seus interesses, mas os interesses de Cristo e do Seu povo. Ele não é um explorador da Igreja, mas um ministro da Igreja. Ele não se abastece do rebanho, mas serve ao rebanho. Ele não faz da Igreja um campo de exploração para o enriquecimento pessoal, mas oferta sua vida como sacrifício para que a Igreja seja edificada.

Em segundo lugar, *Paulo, mordomo* (1.25). O termo dispensação, *oikonomia*, indica uma pessoa encarregada de administrar os bens do seu senhor (Lc 16.1-8). Fritz Rienecker diz que *oikonomia* indica a responsabilidade, autoridade e obrigação dada a um escravo doméstico.[222] O mordomo também era responsável por suprir as necessidades dos outros empregados ou escravos (Lc 12.42-48). As exigências impostas ao mordomo eram fidelidade (1Co 4.2) e prudência (Lc 12.42).[223] Paulo era o mordomo da Palavra de Deus (Rm 1.14,15).

O mordomo não tinha o dever de providenciar o alimento, mas de prepará-lo e servi-lo. Não lhe cabia colocar o alimento na despensa, mas prepará-lo e levá-lo à mesa. O mordomo não podia acrescentar nem retirar nenhum alimento do cardápio. Cabia, sim, a ele balancear a dieta para que a família recebesse todos os nutrientes necessários. O mordomo não podia sonegar à família nenhum alimento que estava na despensa. O alimento do povo de Deus é a Palavra de Deus. Cabe ao mordomo fiel pregar ao povo todo o conselho de Deus (At 20.27).

Em terceiro lugar, *Paulo, proclamador do mistério de Deus* (1.26,27). Russell Shedd diz que, nas religiões de mistério, o segredo ou "mistério" era o rito de iniciação pelo qual o novato ingressava em união com o deus patrocinador da religião.[224] "Mistério" na literatura clássica era alguma coisa secreta que se tornava conhecida às pessoas iniciadas em determinadas religiões, porém estava fora do alcance de outras pessoas.[225] William Hendriksen diz que um "mistério" é uma pessoa ou verdade que teria permanecido desconhecida se Deus não a houvesse revelado.[226]

A palavra grega *mistérion* não inclui a idéia de doutrina incompreensível, mas é uma verdade anteriormente oculta, que agora foi divinamente revelada. Warren Wiersbe diz: "Um mistério é um segredo santo, oculto no passado, mas revelado no presente pelo Espírito Santo".[227] William Barclay diz que esse mistério estava no fato de que a glória e a esperança do evangelho não eram apenas para os judeus, mas também para todos os homens em todas as partes.[228] Nessa mesma linha de pensamento, Ralph Martin diz que no presente contexto, "o mistério" fala da inclusão dos gentios bem como dos judeus no propósito divino da salvação.[229]

Aqui, Cristo, o mistério de Deus, identifica-se com a Palavra de Deus. Temos a Palavra Falada de Deus; a Palavra Escrita de Deus e a Palavra Encarnada de Deus. De todas essas manifestações da Palavra de Deus, Cristo é o Centro e o alvo supremo.[230]

Destacaremos à luz do texto em questão cinco aspectos sobre Cristo como o Mistério de Deus:[231]

a. O mistério oculto (1.26a). O mistério da pessoa e da obra de Cristo estava oculto no Antigo Testamento e, para muitos, continua oculto por causa da cegueira espiritual daqueles que ainda não foram iluminados pelo Espírito Santo (1Co 2.14; 2Co 4.4).

b. O ministério manifesto (1.26b). "O mistério... agora, todavia, se manifestou aos seus santos". Só os salvos têm a percepção clara de quem é Jesus e o significado do Seu sacrifício na cruz (1Co 2.14; 2Co 4.3,4). Essa percepção espiritual não é fruto da sabedoria humana nem da iniciação nas ciências e religiões de mistério, mas conseqüência da revelação do Espírito Santo. O homem natural não discerne as coisas de Deus. O diabo mantém os incrédulos cegos às verdades espirituais. A não ser que Deus lhes abra os olhos do entendimento, eles não poderão compreender Cristo e Sua gloriosa obra expiatória. O reformador João

Calvino, na introdução de suas *Institutas*, afirmou que nós só conhecemos a Deus porque Ele se revelou a nós.

c. A habitação do mistério (1.27). "Cristo em vós, a esperança da glória". O mistério é o próprio Cristo (Ef 3.3,4,9; 1Tm 3.16). William Hendriksen diz que o mistério é Cristo em todas as Suas gloriosas riquezas realmente morando no coração e na vida dos gentios por meio do Seu Espírito.[232]

Antes do pecado, o homem tinha plena comunhão com Deus. O pecado, entretanto, rompeu essa intimidade (Is 59.2). Deus decidiu então fazer morada entre o Seu povo através de um santuário móvel (Êx 25.8). Mais tarde a presença de Deus se fez perceber no templo de Jerusalém (2Cr 7.1-3). Mas foi na plenitude dos tempos que o próprio Deus desceu ao mundo e se fez carne e habitou entre nós (Jo 1.14). Agora, Paulo diz que Cristo não apenas habita entre nós, mas habita em nós (1.27). Essa habitação é pela fé (Ef 3.17). A habitação de Cristo em nós não é uma estada temporária, mas permanente. Cristo não é um inquilino, mas o dono da casa. A habitação de Cristo no cristão é a garantia da glória.

Ao comentar sobre o esplendor bendito dessa habitação de Cristo em nós, que enche nosso peito de esperança da glória, Werner de Boor diz:

> Cabe recordar que *doxa*, "glória" é a palavra bíblica para designar a plenitude de vida divina, o poder milagroso e a glória de luz. Agora "carecemos da glória de Deus" (Rm 3.23); particularmente nosso corpo físico, no qual vivemos a vida, é um "corpo de humilhação". Contudo, não foi reservada para nós apenas "felicidade eterna", mas "glória", participação na própria plenitude de vida e na glória de luz de Deus, e até mesmo nosso corpo há de ser um "corpo semelhante ao corpo de sua glória" (Fp 3.21), cheio de radiante incorruptibilidade

e força. Isso é "a glória que deve ser revelada em nós", diante da qual todos os sofrimentos desta era se tornam insignificantes (Rm 8.18), e desde já nos gloriamos da esperança dessa glória (Rm 5.2). Foi nisso que se transformou a vida humana desde que o mistério do plano divino oculto há eras mundiais veio à luz: "Cristo em vós, a esperança da glória".[233]

d. A proclamação do mistério (1.28). "O qual nós anunciamos, admoestando a todo homem e ensinando a todo homem em toda sabedoria, para que apresentemos todo homem perfeito em Cristo". A pessoa bendita de Cristo deve ser proclamada a todos os homens, em todos os lugares, em todos os tempos. O evangelho não é apenas para uma elite espiritual, como ensinavam os falsos mestres gnósticos. A perfeição não se alcança mediante meditação transcendental nem pela via das lucubrações filosóficas, mas por meio de Cristo.

e. O pleno conhecimento do mistério (2.2,3). Paulo escreve: "... para compreenderem plenamente o mistério de Deus, Cristo, em quem todos os tesouros da sabedoria e do conhecimento estão ocultos". Os falsos mestres induziam os colossenses a procurar conhecimento esotérico, ou seja, conhecimento místico em outras fontes. Conhecer a Cristo é o melhor antídoto contra todos os erros doutrinários que surgem no seio do cristianismo.[234] Em vez de encharcar a mente com os devaneios do conhecimento esotérico, devemos dedicar-nos ao pleno conhecimento de Cristo, mediante a Palavra.

Um ministério de zelo pastoral (1.28)

Russell Shedd salienta que o método usado por Paulo para desenvolver a sua tarefa de "administrador do mistério" girava em torno de três atividades pastorais: anunciar, advertir e ensinar.²³⁵

Em primeiro lugar, *anunciar a Cristo* (1.28). Em 2Coríntios 4.5 Paulo aborda o perigo de o mordomo anunciar a si mesmo, em vez de proclamar Jesus Cristo como Senhor, ou seja, reivindicar para si próprio algum direito ou privilégio especial.²³⁶ Paulo tinha uma profunda paixão evangelística. Sua missão era anunciar a Cristo, e não a si mesmo. Por onde Paulo passava, deixava atrás de si uma verdadeira revolução. Ele, na verdade, não considerava a vida preciosa para si mesmo desde que anunciasse o evangelho da graça de Deus (At 20.24).

Em segundo lugar, *advertir a todo homem* (1.28). Não se cumpre a responsabilidade do despenseiro apenas divulgando a verdade do evangelho. Muitas pessoas precisam de advertência, *nouthesia,* sobre os riscos da vida cristã e as mentiras do inimigo (At 20.31). Essa advertência é com lágrimas, de forma afetiva, como fazem uma mãe e um pai (At 20.31; 1Co 4.14-16; 1Ts 2.7).

Ralph Martin, ao comentar sobre o significado da palavra *nouthesia,* "advertência", afirma:

> É uma palavra que pertence à pedagogia do Novo Testamento. Às vezes tem um caráter geral de instrução dada a novos cristãos (At 20.31; 1Co 10.11) e às vezes apresenta uma relação específica como o treinamento de crianças na família cristã (Ef 6.4). Paulo usa o termo principalmente a respeito de um ministério de admoestação, crítica e correção, quer por ele mesmo, como em Corinto (1Co 4.14,15), quer pelos líderes da igreja, como em Tessalônica (1Ts 5.12). Pelo menos uma referência diz respeito à disciplina daqueles que esposaram crenças heterodoxas (Tt 3.10), e é muito provável que este seja o pano de fundo do versículo em Colossenses.²³⁷

Em terceiro lugar, *ensinar a todo homem em toda sabedoria* (1.28). O verbo grego *didaskein*, "ensinar", desempenha um papel extremamente significativo nesta Epístola. É usado no sentido pastoral e ético como uma função dos cristãos nos seus tratos mútuos (1.28; 3.16).[238] Não basta advertir as pessoas; também devemos ensinar-lhes as verdades positivas da Palavra de Deus.[239] Os cristãos recém-convertidos precisam ser ensinados (Mt 28.19,20). Eles precisam aprender sobre doutrina e vida. Paulo não ensina sobre um sistema, mas sobre uma Pessoa. O ensino de Paulo não era apenas teórico, mas, sobretudo, prático.

Warren Wiersbe diz que os gnósticos pregavam filosofia e tradições humanas vazias (2.8). Os falsos mestres apresentavam listas de regras e preceitos (2.16,20,21), mas Paulo apresentava Cristo.[240] William Hendriksen corretamente afirma que para Paulo a doutrina abstrata não existia, tampouco a ética cristã flutuando no ar. Para Paulo o cristianismo era uma vida, mas uma vida baseada na doutrina.[241]

O objetivo final de Paulo no desenvolvimento da sua tarefa era apresentar todo homem perfeito em Cristo. A palavra "perfeito", *teleios,* não significa sem pecado (Fp 3.12-15), mas maduro em contraste com imaturo (1Co 3.1,2; Hb 5.12-14). Perfeito em Cristo quer dizer amadurecido em caráter e personalidade, tendo Cristo como supremo modelo.

Um ministério de intenso trabalho e oração (1.29; 2.1-3)

Dois pontos são dignos de nota.

Em primeiro lugar, *Paulo agoniza na obra* (1.29). Paulo diz: "Para isso é que eu também me afadigo, esforçando-me o mais possível, segundo a sua eficácia que opera eficientemente em mim". Paulo não apenas sofre (1.24). Ele não apenas desempenha a sua mordomia de pregar o mistério de Deus (1.25-28); ele também trabalha. "Também me afadigo, esforçando-me, [*agonizo*], o mais possível, segundo a sua eficácia, [*energeia*], que opera eficientemente em mim" (1.29).

As expressões "esforçando-me" (1.29) e "luta" (2.1) fazem parte do vocabulário atlético e se referem ao esforço vigoroso de um corredor para vencer a corrida. O termo "agonia" vem dessa palavra grega.[242] Fritz Rienecker diz que a ilustração atlética por trás dessa palavra enfatiza o trabalho missionário de Paulo com todo o seu esforço decorrente, a sua exigência incansável e as suas lutas contra todos os tipos de oposição e recuos.[243]

O esforço de Paulo não é realizado na carne, mas na energia e na força do Espírito Santo. Quem realiza a obra de Deus precisa do poder de Deus.

Em segundo lugar, *Paulo agoniza em oração pelos cristãos* (2.1-3). A luta de Paulo pelos cristãos é uma luta de agonia. Fritz Rienecker diz que o retrato é o de uma luta atlética, exaustiva e exigente. A luta aqui não é contra Deus, mas ilustra o intenso esforço de uma pessoa orando, à medida que ela luta consigo mesma e contra aqueles que se opõem ao evangelho.[244] Não é uma oração fria, indiferente, sem senso de paixão e de urgência. Russell Shedd escreve:

> À semelhança do conflito de Jesus no Getsêmani, o apóstolo se empenhou na batalha pela salvação das almas que Cristo comprara com o Seu precioso sangue. Essa luta de joelhos, na prisão de Roma, vencia as forças satânicas que avançavam contra os mal protegidos cristãos da Ásia.[245]

Em favor de que Paulo ora?

a. Encorajamento espiritual (2.2). "Confortado" traduz a palavra grega *parakaleo*, que tem o sentido de exortar, encorajar, animar.[246] Encorajar as pessoas é dar a elas um novo coração. Corações desanimados geram um pessimismo na igreja. A depressão espiritual é um campo fértil para o inimigo semear o joio doutrinário.[247] O abatimento de alma produz esfriamento da fé e do amor entre os irmãos.

b. Intenso amor fraternal (2.2). O amor é o oxigênio da Igreja. O sistema de governo e o ritual religioso não são as coisas mais importantes na Igreja, mas sim o amor. Quando morre o amor, a comunidade cristã entra em colapso. Uma igreja desunida, na qual os irmãos se olham como rivais, na qual há partidos e grupos, na qual não há comunhão verdadeira, o nome de Cristo é desonrado e a igreja entra em crise. Um cristão maduro ama os irmãos e dá a sua vida por eles (1Jo 3.16). Um cristão maduro é um pacificador e não um provocador de problemas.

c. Forte entendimento espiritual (2.2,3). A Igreja precisa ter discernimento espiritual. Ela não pode seguir os ventos de doutrina nem ser vulnerável à sutileza dos falsos mestres. A Igreja precisa ter convicção e entendimento para compreender a Cristo, em quem todos os tesouros da sabedoria e do conhecimento estão escondidos. É preciso buscar e cavar nessa mina, cujas pedras preciosas e cujos mais ricos tesouros só se desenterram com oração, leitura da Palavra e meditação.[248] Fritz Rienecker diz que é em Cristo que os tesouros da sabedoria e do conhecimento divinos estão depositados, antes de forma oculta, mas agora manifestos a todos os que conhecem a Cristo.[249] Os tesouros da sabedoria e do conhecimento estão ocultos em Cristo para que sejam descobertos, explorados e apropriados, diz Werner de Boor.[250]

Nessa mesma linha de pensamento, Hendriksen diz que os colossenses não necessitavam nem deviam buscar outra fonte de felicidade ou santidade fora de Cristo. Jactam-se os falsos mestres de sua sabedoria e conhecimento? Gloriam-se nos anjos? Nem homens, nem anjos, nem outra criatura tem algo a oferecer que não possa ser encontrado em Cristo em um grau infinitamente mais elevado e em uma essência incomparavelmente superior.[251] O mesmo escritor alerta para o fato de que em Cristo o conhecimento jamais está separado da sabedoria, como comumente acontece entre os homens.[252]

NOTAS DO CAPÍTULO 6

[209] SHEDD, Russell. *Andai nele*, p. 39-44.
[210] WIERSBE, Warren W. *Comentário bíblico expositivo*, p. 158.
[211] BOOR, Werner de. *Carta aos Efésios, Filipenses e Colossenses*, p. 308.
[212] HENDRIKSEN, William. *Colosenses y Filemon*, p. 104,105.
[213] SHEDD, Russell. *Andai nele*, p. 39.
[214] WIERSBE, Warren W. *Comentário bíblico expositivo*, p. 158.
[215] FALCÃO, Silas Alves. *Meditações em Colossenses*, p. 57.
[216] FALCÃO, Silas Alves. *Meditações em Colossenses*, p. 58.
[217] HENDRIKSEN, William. *Colosenses y Filemon*, p. 105.
[218] FALCÃO, Silas Alves. *Meditações em Colossenses*, p. 58,59.
[219] SHEDD, Russell. *Andai nele*, p. 39,40.

220 SHEDD, Russell. *Andai nele,* p. 40.
221 WIERSBE, Warren W. *Comentário bíblico expositivo,* p. 158.
222 RIENECKER, Fritz e ROGERS, Cleon. *Chave lingüística do Novo Testamento Grego,* p. 423.
223 SHEDD, Russell. *Andai nele,* p. 40.
224 SHEDD, Russell. *Andai nele,* p. 41.
225 FALCÃO, Silas Alves. *Meditações em Colossenses,* p. 63.
226 HENDRIKSEN, William. *Colosenses y Filemon,* p. 106.
227 WIERSBE, Warren W. *Comentário bíblico expositivo,* p. 159.
228 BARCLAY, William. *Filipenses, Colosenses, I y II Tesalonicenses,* p. 135.
229 MARTIN, Ralph P. *Colossenses e Filemom,* p. 82.
230 FALCÃO, Silas Alves. *Meditações em Colossenses,* p. 64.
231 FALCÃO, Silas Alves. *Meditações em Colossenses,* p. 64-69.
232 HENDRIKSEN, William. *Colosenses y Filemon,* p. 107.
233 BOOR, Werner de. *Carta aos Efésios, Filipenses e Colossenses,* p. 312,313.
234 FALCÃO, Silvas Alves. *Meditações sobre Colossenses.* 1957, p. 68,69.
235 SHEDD, Russell. *Andai nele,* p. 41,42.
236 SHEDD, Russell. *Andai nele,* p. 41.
237 MARTIN, Ralph P. *Colossenses e Filemom,* p. 83.
238 MARTIN, Ralph P. *Colossenses e Filemom,* p. 83.
239 WIERSBE, Warren W. *Comentário bíblico expositivo,* p. 160.
240 WIERSBE, Warren W. *Comentário bíblico expositivo,* p. 159,160.
241 HENDRIKSEN, William. *Colosenses y Filemon,* p. 110.
242 WIERSBE, Warren W. *Comentário bíblico expositivo,* p. 159.
243 RIENECKER, Fritz e ROGERS, Cleon. *Chave lingüística do Novo Testamento Grego,* p. 423.
244 RIENECKER, Fritz e ROGERS, Cleon. *Chave lingüística do Novo Testamento Grego,* p. 423.
245 SHEDD, Russell. *Andai nele.* p. 43.
246 SHEDD, Russell. *Andai nele.* p. 43.
247 SHEDD, Russell. *Andai nele.* p. 44.
248 SHEDD, Russell. *Andai nele,* p. 44.
249 RIENECKER, Fritz e ROGERS, Cleon. *Chave lingüística do Novo Testamento Grego,* p. 424.
250 BOOR, Werner de. *Carta aos Efésios, Filipenses e Colossenses,* p. 317.
251 HENDRIKSEN, William. *Colosenses y Filemon,* p. 122,123.
252 HENDRIKSEN, William. *Colosenses y Filemon,* p. 123.

Capítulo 7

A igreja verdadeira sob ataque
(Cl 2.4-15)

A IGREJA VIVE num campo minado pelo inimigo. A jornada rumo à glória não é uma estrada reta, espaçosa e confortável, mas um caminho estreito, sinuoso e cheio de perigos. Embora, a caminhada seja difícil e os inimigos sejam muitos, a chegada é certa. Não marchamos escorados no bordão da autoconfiança, mas sustentados pelas mãos daquele que nos guia com o Seu conselho eterno até nos receber na glória.

Algumas verdades sublimes serão aqui destacadas.

Os predicados de uma igreja verdadeira (2.4-7)

Destacaremos à luz do texto em tela cinco predicados da igreja verdadeira:

Em primeiro lugar, *uma igreja verdadeira demonstra uma vida disciplinada* (2.5). Paulo manifesta sua alegria ao verificar "a boa ordem e a firmeza da fé" da igreja. Warren Wiersbe diz que as palavras "ordem" e "firmeza" fazem parte do vocabulário militar.[253] De forma semelhante William Barclay diz que esses dois termos apresentam um quadro gráfico, porque pertencem à linguagem militar. A palavra grega *táxis*, traduzida por "ordem", significa "fileiras ordeiras de um exército" ou disposição ordenada.[254] A "ordem" indica a organização hierárquica do exército, com cada soldado no devido posto.[255] A igreja deve assemelhar-se a um exército ordenado em fila, onde cada soldado está em seu devido lugar e disposto a fazer o seu trabalho sob a ordem de comando.[256]

O mesmo escritor diz que a palavra "firmeza" é *stereoma*, que significa baluarte sólido, falange inamovível e pronta para receber o impacto do inimigo, sem recuar.[257] A palavra "firmeza" descreve um exército em posição de combate, colocando-se diante do inimigo como uma frente coesa, disposta a enfrentar com galhardia o inimigo. Os cristãos devem avançar com disciplina e obediência como fazem os soldados no campo de batalha.

Em segundo lugar, *uma igreja verdadeira manifesta um firme compromisso com o senhorio de Cristo* (2.6). Ser cristão é receber a Cristo como Senhor. A vida cristã começa com a submissão ao senhorio de Cristo. A conversão desemboca em obediência. A conversão se evidencia pela submissão a Cristo. Jesus não é Salvador daqueles que ainda não se submeteram a Ele como Senhor. Jesus é apresentado como Salvador 22 vezes no Novo Testamento e 650 vezes como Senhor. A grande ênfase do Novo Testamento está no senhorio de Cristo.

Em terceiro lugar, *uma igreja verdadeira dispõe a seguir os passos de Jesus* (2.6). Ser cristão é andar nos passos de Jesus. É andar como Ele andou (1Jo 3.1-6). Um falso cristão pode enganar por algum tempo. Demas amou o mundo e abandonou a fé. Judas traiu o Mestre. Ananias e Safira mentiram para o Espírito Santo. O cristão e verdadeiro é aquele que anda em novidade de vida, vive no Espírito, segue os passos de Jesus e anda como Cristo andou (1.10).

Em quarto lugar, *uma igreja verdadeira evidencia uma inabalável firmeza em Cristo* (2.7). Paulo usa algumas metáforas para evidenciar a nossa estabilidade espiritual e a nossa firmeza inabalável em Cristo.

a. Uma figura da agricultura. A expressão "nele radicados" sugere que o cristão tem a estabilidade de uma árvore frondosa cujas raízes estão plantadas firmemente em Cristo. Longe de ser como a palha que o vento dispersa ou como uma semente que os ventos de doutrina carregam, as raízes do cristão estão plantadas em Cristo. Não podemos perecer porque aquele que nos sustenta jamais conheceu fracasso ou derrota. William Barclay, corroborando essa idéia, diz que a palavra usada para "arraigados" é a que se toma de uma árvore cujas raízes estão profundamente fixadas na terra. Assim como uma árvore se enraíza profundamente para extrair seu sustento do solo, da mesma forma o cristão deve enraizar-se em Cristo, que é a fonte da vida.[258] Russell Shedd lança mais luz no entendimento desse assunto, quando escreve.

> Nele radicados está no pretérito perfeito, indicando uma experiência no passado que não mudará. A árvore, uma vez enraizada, só fica mais firme à medida que o tempo passa e ela cresce. Paulo deixa bem claro que, à semelhança da árvore, os cristãos foram plantados em Cristo, de uma vez para sempre. Sendo um verbo passivo, dá para entender

que foi Deus quem plantou a Igreja, e não uma decisão meramente humana.[259]

b. **Uma figura da arquitetura.** A expressão "nele edificados" revela que somos como um edifício, cujo fundamento é Cristo. Somos como uma casa edificada sobre a rocha. A chuva pode cair no telhado, os ventos podem fuzilar as paredes, os rios podem solapar os alicerces, mas essa casa não entrará em colapso, porque seu fundamento é inabalável. Estamos edificados sobre Cristo. Ele é a pedra sobre a qual a Igreja está edificada (Mt 16.18), o fundamento da Igreja (1Co 3.11), a pedra de esquina sobre a qual todo o edifício da Igreja se apóia (Ef 2.20). Ele é o nosso sustentador.

c. **Uma figura da pedagogia.** Os verbos "confirmados" e "instruídos" sugerem que a vida cristã é como uma escola. Estamos radicados e edificados em Cristo e somos confirmados e instruídos pela Palavra de Cristo.

Em quinto lugar, *uma igreja verdadeira manifesta efusiva gratidão a Deus* (2.7). Paulo não ora para que os colossenses comecem a dar graças, mas pede que o oceano de sua gratidão possa constantemente alargar suas fronteiras.[260] A palavra "crescendo" traz a idéia de um rio. Quando cremos em Cristo, uma fonte é aberta dentro de nós (Jo 4.10-14). Depois disso ela se transforma em um rio caudaloso (Jo 7.37-39). O cristão é alguém que se enche não de murmuração, queixumes e lamentos, mas cresce a cada dia em ações de graças. Ele sempre se volta para Deus, a fonte de todo o bem, com a alma em festa de alegria e com o coração embandeirado de gratidão.

Warren Wiersbe, sintetizando o texto estudado, vê seis figuras nos versículos 4 a 7: a figura de um exército (2.5), de um peregrino (2.6), de uma árvore (2.7a), de um edifício (2.7b), de uma escola (2.7c) e um de rio (2.7d).[261]

Os perigos enfrentados pela igreja verdadeira (2.4,8)

Russell Shedd diz que os colossenses estavam sendo atraídos por uma "salvação" mística, intelectual e especulativa e pela busca de contato benéfico com poderes espirituais. Procuravam uma "perfeição", não moral ou espiritual, mas teosófica. Paulo combateu toda essa palha, reconfirmando as principais verdades históricas e teológicas do evangelho.[262]

Paulo fala sobre dois perigos que a Igreja estava enfrentando em relação à falsa religião.

Em primeiro lugar, *ser enganada por raciocínios falsos* (2.4). Os falsos mestres tinham chegado a Colossos, e a igreja estava correndo sérios riscos. Com palavras persuasivas eles estavam disseminando seu veneno letal. O termo usado por Paulo "raciocínio falazes" é a tradução do termo grego *pithanologia*. A palavra era usada pelos escritores clássicos para denotar o raciocínio provável, mas oposto à demonstração. A palavra é usada nos papiros em um caso do tribunal de pessoas que procuravam palavras persuasivas a fim de manter as coisas que haviam conseguido por meio de roubo. A terminologia usada aqui é praticamente equivalente à expressão "enrolar alguém".[263]

Nesta mesma linha de pensamento, William Barclay diz que o termo pertence à linguagem dos tribunais de justiça; indicava o poder persuasivo dos argumentos de um advogado, o tipo de argumento que podia fazer que o mal parecesse melhor à razão a fim de livrar o criminoso do justo castigo. Essa palavra era usada para descrever aquele discurso capaz de dissuadir toda uma assembléia a seguir por caminhos sinuosos. A igreja verdadeira deve estar de posse da verdade de tal forma que nunca dê ouvidos a argumentos enganosos e sedutores.[264]

Em segundo lugar, *tornar-se cativa de falsas filosofias* (2.8). As falsas filosofias, especialmente o gnosticismo, proliferavam também na cidade de Colossos. Aquela cultura mística tornou-se um canteiro fértil onde floresceram muitas heresias perniciosas. A palavra grega *sylagogein*, usada por Paulo para "enredar", significa seqüestrar. A palavra era usada no sentido de "raptar", e aqui é a figura de desviar alguém da verdade e colocá-la na escravidão do erro.[265] William Barclay diz que esse termo poderia ser aplicado a um mercador de escravos que seqüestrava e conduzia o povo de uma nação conquistada para levá-lo à escravidão. Para Paulo, constituía algo estranho e trágico que aqueles que haviam sido resgatados, redimidos e libertados (1.12-14) pudessem retornar novamente a uma miserável escravidão.[266]

O gnosticismo era uma falsa filosofia que estava distorcendo a doutrina de Cristo. Eles não negavam diretamente a pessoa e a obra de Cristo, mas negavam Sua supremacia e suficiência. Eles olhavam para Cristo apenas como um dos muitos mediadores. Na verdade, para eles Jesus não passava de uma das muitas emanações divinas. O gnosticismo era uma filosofia adicional ao cristianismo.

Essas falsas filosofias tinham três características:

a. Eram baseadas em tradição humana (2.8). Essa tradição humana, segundo William Hendriksen, era uma mescla de cristianismo, cerimonialismo judeu, ascetismo e culto dos anjos (2.11-23).[267] Eram ensinos falsos de homens sem a iluminação do Espírito de Deus. Eram ensinos de homens e não de Deus; da terra e não do céu. Esses falsos mestres argumentavam que Jesus jamais havia dito às multidões, senão a um seleto grupo, os mistérios que eles agora estavam repassando. Paulo, porém, os refuta dizendo que o ensino deles é meramente humano e não possui respaldo da Palavra de Deus. Trata-se de um produto da mente humana, e não de uma mensagem revelada por Deus.[268]

b. Eram baseadas nos rudimentos do mundo (2.8). Esses rudimentos do mundo, *stoicheia*, eram o á-bê-cê de qualquer assunto, mas também eram entendidos como os espíritos elementares do universo, especialmente os astros e planetas que supostamente governavam a vida humana.[269] De acordo com o ensino desses falsos mestres, os homens estavam sob essas influências e poderes e necessitavam de um conhecimento especial, além daquele que Cristo poderia dar, para serem libertos.[270] Ainda hoje, quando as pessoas se agarram à astrologia e consultam o horóscopo para tomar suas decisões, elas se deixam enredar por esse mesmo engano do passado.

c. Não estavam baseadas na Palavra de Cristo (2.8). Essas filosofias estavam contra Cristo e em desacordo com a Palavra de Cristo. A heresia gnóstica escamoteava a verdade ao afirmar que seus ensinos se originavam do próprio Cristo. Eles mentiam abertamente ao usar o nome de Cristo para disseminar suas idéias heréticas. A filosofia gnóstica baseava-se em raciocínios falazes em vez de calcados na Palavra de Deus.

As armas de defesa da igreja verdadeira (2.9,10)

O apóstolo menciona três armas de defesa da igreja verdadeira.

Em primeiro lugar, *saber quem é Cristo* (2.9). Os mestres gnósticos ensinavam que Cristo não era suficiente para levar o homem a Deus, pois era apenas um dos muitos mediadores. Silas Alves Falcão diz que esses falsos mestres concebiam a plenitude da Divindade como distribuída entre anjos, pelos quais o universo material fora criado. Cristo não passava de uma manifestação de Deus, um "éon". A resposta de Paulo é fulminante. Cristo não é uma revelação parcial de Deus, mas é Deus mesmo em toda a Sua plenitude.[271]

Esses falsos mestres tinham uma visão pequena e distorcida da Pessoa e da Obra de Cristo. A palavra grega *katoikéo*, "habitar", significa estar em casa.[272] Não se trata de morar temporariamente como um inquilino, mas de habitar permanentemente como o dono da casa. Jesus era e é o Deus perfeito e absoluto. Nele habita corporalmente toda a plenitude da Divindade. É *Nele* – e não nos intermediários angelicais – que a plenitude divina habita na Sua totalidade.[273]

Paulo usa a palavra *Theotetos*, e não *Theiostes*. A primeira expressa o estado de ser Deus, enquanto a segunda significa "ser semelhante a Deus". Nenhum ser criado pode ser "plenitude". O mais sábio, o mais forte, o mais perfeito, o mais santo dos homens não é plenitude, isto é, não pode encerrar a plenitude em seu ser, pois que isto seria o mesmo que dizer que o finito poderia conter o infinito. Mas em Cristo "habita corporalmente toda a plenitude da Divindade", e não há nenhum absurdo nessa afirmação, visto que Ele é Deus. Vale ressaltar ainda que *somatikos*, "corporalmente", demonstra que não é por figura ou sombra que a plenitude da Divindade habita de modo permanente em Jesus, mas sim em realidade. Jesus não é uma representação de Deus, mas Deus mesmo.[274]

O apóstolo Paulo rechaçou o ensino desses falsos mestres, dizendo que eles não necessitavam de coisa nenhuma fora de Cristo para triunfar sobre qualquer poder do universo, porque Nele se encontra nada menos que toda a plenitude de Deus, e Ele é o cabeça de todo poder e autoridade, pois Ele os criou.[275] William Hendriksen coloca esse pensamento com clareza:

> Dado que toda a plenitude da essência de Deus está concentrada em Cristo, não existe nada que justifique nenhuma necessidade de buscar em outro lugar ajuda, salvação ou perfeição espiritual. Em Cristo nós possuímos a fonte da qual flui a corrente das bênçãos que podem satisfazer qualquer necessidade que tenhamos, seja nesta vida seja na vindoura.[276]

Em segundo lugar, *saber o lugar que Cristo ocupa* (2.10b). Cristo não é um entre os muitos mediadores, como se Ele fosse uma mera criatura da Divindade. Ele é o próprio Filho de Deus, e também o cabeça, a fonte, o chefe e o Senhor de todas as hostes angelicais, sejam anjos santos ou decaídos. William Hendriksen corretamente afirma que Cristo é o cabeça de todo principado e potestade não no sentido pleno no qual Ele é o cabeça da Igreja (1.18), que é Seu corpo, mas no sentido de que Ele é o governador supremo de todas as coisas (1.16; Ef 1.22), de modo que fora do Seu comando os anjos bons não podem ajudar a ninguém e devido a Ele os anjos maus não podem ferir os cristãos.[277]

Em terceiro lugar, *saber o que temos em Cristo* (2.10a). O aperfeiçoamento não é adquirido por meio de ciências ocultas, religiões de mistério ou iniciação em cultos pagãos. Somos aperfeiçoados em Cristo. Não é a *gnose* que nos leva a Deus, mas Cristo. Não somos transformados de pedras brutas em pedras lapidadas do edifício de Deus pelo esforço humano, mas pela obra de Cristo em nós, aplicada pelo Espírito.

O que Cristo fez pela igreja verdadeira (2.11-15)

O apóstolo Paulo destaca cinco grandiosas obras realizadas por Cristo em benefício da igreja.

Em primeiro lugar, *transformação interior em lugar de incisão exterior* (2.11). Os falsos mestres em Colossos, num concubinato espúrio entre gnosticismo e judaísmo, diziam que a fé em Cristo não era suficiente para a salvação; devíamos agregar a ela a circuncisão.

A circuncisão era um sinal da aliança de Deus com o povo de Israel (Gn 17.9-14). Apesar de ser uma operação física, possuía significado espiritual. O problema era que o povo judeu dependia do caráter físico dessa prática, não do espiritual. Uma simples operação física não pode jamais transmitir graça espiritual.[278] A circuncisão que esses falsos mestres exigiam era apenas uma incisão exterior, e não uma transformação interior. Os falsos mestres não fizeram uma leitura correta do Antigo Testamento, pois a essência do ensino veterotestamentário sobre a circuncisão consistia em que essa era a marca externa do homem consagrado internamente a Deus. Por isso a Bíblia fala de lábios circuncidados (Êx 6.12) e coração circuncidado (Lv 26.41). Os falsos mestres só podiam circuncidar o prepúcio do homem, enquanto Cristo podia circuncidar seu coração. Os homens só podem fazer uma incisão na carne, algo externo, mas Cristo, e só Ele, pode fazer uma transformação interna.

A circuncisão de Cristo é diferente da judia. A circuncisão judia era uma cirurgia externa; a de Cristo é no coração; a circuncisão judia era apenas de uma parte do corpo; a de Cristo, de todo o corpo; a circuncisão judia era feita pelas mãos; a de Cristo foi feita pelo Espírito Santo; a circuncisão judia não podia ajudar as pessoas espiritualmente; a de Cristo capacita o homem a vencer o pecado.[279]

Em segundo lugar, *uma vida radicalmente nova* (2.12,13a). Paulo usa aqui a figura do batismo como nossa identificação com Cristo. Tudo o que aconteceu com Cristo, aconteceu conosco. Quando Cristo morreu, nós morremos com Ele. Quando Cristo foi sepultado, nós fomos sepultados com Ele. Quando Cristo ressuscitou, nós ressuscitamos com Ele e deixamos as roupas da velha vida na sepultura. Estávamos mortos e agora renascemos para uma nova vida. Temos vida com Cristo. William Barclay diz que a obra de Cristo é uma obra de poder porque deu vida a homens mortos; é uma obra de graça porque alcançou aqueles que não tinham razão de esperar benefícios divinos.[280]

Em terceiro lugar, *o perdão definitivo dos pecados* (2.13b). Paulo diz: "... perdoando todos os nossos delitos". O perdão de Deus é gratuito, generoso, certo e fundamental.[281] A experiência mais doce do cristão é a certeza do perdão divino. Davi muito bem expressou esta verdade: "Bem-aventurado o homem cuja transgressão é perdoada e cujo pecado é coberto" (Sl 32.1). Uma consciência atormentada pelo peso da culpa e pela inquietação provinda da impossibilidade de pagar a Deus a sua dívida é uma das maiores tragédias espirituais da humanidade.[282] Em virtude do sangue derramado de Cristo na cruz, temos perdão completo. Deus mesmo é aquele que apaga as nossas transgressões e não mais se lembra delas (Is 43.45).

Em quarto lugar, *o cancelamento total da dívida* (2.14). Jesus não somente levou nossos pecados sobre a cruz (1Pe 2.24), mas também levou a lei e a encravou na cruz.[283] A lei que era contra nós, porque era impossível que nós a cumpríssemos, foi também crucificada. Agora, estamos debaixo da graça, e não da lei.

Há quatro pontos neste versículo que queremos destacar:

a. A admissão da dívida. A palavra grega *queirografon*, "escrito de dívidas", era uma espécie de lista de acusações que continha as dívidas que o próprio devedor admitia. Era uma nota escrita a mão por um devedor que reconhecia sua dívida. Era uma admissão de dívida escrita de próprio punho. Fritz Rienecker diz que essa palavra era usada como um termo técnico para o reconhecimento escrito de um débito. Era como uma nota promissória assinada pessoalmente pelo devedor.[284] Os pecados do homem são uma longa lista de dívida para com Deus. Trata-se de uma acusação contra si mesmo; ou seja, de uma lista de acusações que o homem devedor assinou e reconheceu firma.[285]

b. A anulação da dívida. Deus anulou ou apagou a lista de acusações. A palavra grega *exaleifein*, traduzida por "removeu-o", significa apagar, anular, queimar ou inutilizar uma acusação ou dívida escrita.[286] Fritz Rienecker diz que essa palavra era usada para apagar uma experiência na memória ou para cancelar um voto, ou, ainda, para anular uma lei ou cancelar um débito.[287] Deus anulou o documento de nossos pecados; Ele apagou o registro das nossas dívidas de forma tão completa como se elas jamais tivessem existido. Russell Shedd diz que a figura de um tribunal está na mente de Paulo. O réu está no banco. A escrita repleta de acusações está sendo preparada e lida. Mas o juiz, que é Deus, inocenta o culpado, tendo satisfeito na morte de Jesus, Seu Filho amado, todas as exigências da lei.[288]

c. A fixação da dívida na cruz. No mundo antigo, quando se cancelava uma lei, decreto ou prescrição, eles eram fixados em uma tábua com um cravo. Na cruz de Cristo foi crucificada a nossa lista de dívidas. Todas as acusações que pesavam contra nós foram pregadas na cruz de Cristo. Nossas acusações foram executadas. Foram eliminadas como se nunca tivessem existido. Em Sua misericórdia, Deus destruiu, prescreveu e eliminou todos os registros das nossas dívidas.[289] Ralph Martin diz que o pregar deste documento na cruz, agora com todas as suas acusações apagadas, é, pois, uma ação subseqüente que sugere um ato de desafio triunfante diante daqueles poderes chantagistas que ameaçavam os colossenses no sistema dos heréticos.[290] Werner de Boor conclui esse ponto dizendo que Paulo tem a resposta que nenhuma filosofia daquela época ou de hoje pode fornecer: olhe para a cruz, e ali você verá a sua nota promissória publicamente destacada e aniquilada.[291]

d. A legalidade da dívida. Paulo afirma: "tendo cancelado o escrito de dívida, que era contra nós e que constava de ordenança, o qual nos era prejudicial..." (2.14). A lista de acusações estava baseada nas ordenanças da lei. A palavra grega *dogmasin* significa "ordens de tribunal ou juiz".[292] A palavra ainda se refere à obrigação legal em forma de lei ou edito, colocados num local público para que todos os passantes pudessem ver.[293] A acusação adquiria a força e o poder das prescrições e decretos da lei. O homem não podia guardar a lei, por ser pecador. Por isso estava debaixo de maldição (Gl 3.13). A lei é perfeita e exigia do homem total perfeição, por isso, ao tropeçar num único ponto, tornava-se culpado de toda a lei (Tg 2.19). Mas aquilo que o homem não podia fazer, Deus fez por ele em Cristo. O Filho de Deus tornou-se nosso representante e fiador. Quando Cristo foi à cruz, Deus lançou sobre Ele a iniqüidade de todos nós. Ele foi moído pelos nossos pecados e traspassado pelas nossas iniqüidades. Ele pegou o escrito de dívida que era contra nós, anulou-o, rasgou-o e o encravou na cruz. Ele bradou do topo da cruz: "Está consumado!" (Jo 19.30). A palavra grega *tetélestai* significa: Está pago! O homem agora não deve mais nada. A lei que dava legitimidade à nossa acusação foi cumprida e também pregada na cruz!

Por meio do Seu Filho, Deus revogou a lei como meio de salvação e como uma maldição que pendia sobre a nossa cabeça. Em certo sentido, essa lei que trazia a lista das nossas dívidas, as acusações contra nós e a sentença da nossa condenação foi pregada na cruz. Deus anulou a lei, quando Seu Filho satisfez completamente Sua demanda de perfeita obediência. A lei foi cravada com Cristo na cruz. Morreu quando Ele morreu. E, por causa da natureza vicária do sacrifício de Cristo, os cristãos já não estão debaixo da lei, mas da graça (Rm 6.14; 7.4,6; Gl 2.19).[294] O fim da lei é Cristo (Rm 10.4).

Hendriksen esclarece um ponto importante no trato desta matéria:

> Isto não quer dizer que a lei moral tenha perdido o seu significado para o cristão. Não pode significar que agora deve deixar de amar a Deus sobre todas as coisas e a seu próximo como a si mesmo. Ao contrário, a lei de Deus tem uma validade eterna (Rm 13.8,9; Gl 5.14). O cristão encontra nela seu máximo prazer. O cristão a obedece em gratidão pela salvação que recebeu como uma dádiva da graça soberana de Deus. Todavia, ele foi liberto da lei como um código de regras e prescrições, como um meio de obter a salvação eterna, e como uma maldição, que ameaçava destruí-lo.[295]

Em quinto lugar, *o triunfo final sobre os principados e potestades* (2.15). Jesus não somente lidou com o pecado e com a lei na cruz, mas também com Satanás. Jesus despojou os principados e potestades e os fez cativos, triunfando sobre esses poderes satânicos.

A palavra grega *apekdusamenos* se aplica ao despojo de armas e armadura de um inimigo derrotado. Jesus quebrou de uma vez para sempre o poder dos principados e potestades. Ele os expôs à vergonha pública e os levou cativos em Sua carreira triunfal. A vitória de Cristo é cósmica. Em Sua marcha triunfal os poderes do mal sofreram um golpe definitivo que todos podem contemplar.[296]

Aqui Paulo finca uma bandeira no território desses falsos mestres e mostra ao mundo inteiro a suficiência total da obra de Cristo. Os cristãos não precisam ter medo desses agentes malignos.

Hendriksen deixa esse ponto claro ao fazer algumas perguntas: Acaso Deus não nos resgatou do império das trevas? (1.13). Não é Seu Filho o cabeça de todo principado e potestade? (2.10). Não é verdade que os principados e autoridades não são mais que meras criaturas, criadas por Ele, através Dele e para Ele? (1.16). Portanto, devem recordar que, por meio deste mesmo Filho, Deus despojou a esses principados e potestades de seu poder. Desarmou-os totalmente. Não triunfou Cristo sobre eles na tentação do deserto? (Mt 4.1-11). Acaso não amarrou o valente? (Mt 12.29), e não lançou fora os demônios uma e outra vez? Não tirou Cristo, pela Sua morte vicária, toda a possibilidade de Satanás levantar contra nós qualquer acusação legal? (Rm 8.34). Não é certo, então, que mediante esses grandiosos atos redentivos, Deus exibiu e envergonhou publicamente esses poderes malignos, triunfando sobre eles e levando-os cativos em seu desfile de triunfo?[297]

Russell Shedd, nesta mesma trilha de pensamento, descreve esse triunfo de Cristo sobre as hostes do mal com as seguintes palavras:

Cristo venceu os principados e potestades ao vencer todas as tentações satânicas, vivendo uma vida absolutamente sem pecado. Mais ainda, Cristo os venceu pela morte conquistada na ressurreição. Os poderes do mal tentaram destruir Jesus, publicamente, pela rejeição do povo, que gritava: "Crucifica-o!" e pelo poder político dos líderes israelitas, com a concordância de Roma (At 2.23). Justamente na hora da maior vitória das trevas sobre o Senhor da Glória, Ele rompeu os grilhões da morte, demonstrando Sua vitória sobre o poder do pecado na Sua expiação na cruz e sobre a morte pela ressurreição. A palavra grega aqui traduzida por "triunfando" pode indicar o cortejo triunfal do general romano que, após a conquista de território novo, traz os cativos amarrados, com o seu exército vitorioso.[298]

Warren Wiersbe conclui dizendo que Jesus conquistou três vitórias na cruz: Jesus despojou os principados e potestades, tirando de Satanás e de seu exército todas as suas armas. Jesus publicamente os expôs à vergonha e à derrota. Jesus triunfou sobre todas as hostes do mal. Sempre que um general romano conquistava uma grande vitória em terras estrangeiras, fazia muitos cativos, tomava muitos espólios e se apossava de novos territórios para Roma, era homenageado com um desfile oficial conhecido como "triunfo romano". Jesus Cristo conquistou vitória absoluta, voltando à glória em um grande cortejo triunfal (Ef 4.8-16).[299]

NOTAS DO CAPÍTULO 7

253 WIERSBE, Warren W. *Comentário bíblico expositivo*, p. 162.
254 SHEDD, Russell. *Andai nele*, p. 45.
255 WIERSBE, Warren W. *Comentário bíblico expositivo*, p. 162.
256 BARCLAY, William. *Filipenses, Colosenses, I y II Tesalonicenses*, p. 141.
257 SHEDD, Russell. *Andai nele*, p. 45.
258 BARCLAY, William. *Filipenses, Colosenses, I y II Tesalonicenses*, p. 141.
259 SHEDD, Russell. *Andai nele*, p. 47.
260 HENDRIKSEN, William. *Colosenses y Filemon*, p. 127.
261 WIERSBE, Warren W. *Comentário bíblico expositivo*, p. 162,163.
262 SHEDD, Russell. *Andai nele*, p. 53.
263 RIENECKER, Fritz e ROGERS, Cleon. *Chave lingüística do Novo Testamento Grego*, p. 424.
264 BARCLAY, William. *Filipenses, Colosenses, I y II Tesalonicenses*, p. 140.
265 RIENECKER, Fritz e ROGERS, Cleon. *Chave lingüística do Novo Testamento Grego*, p. 425.
266 BARCLAY, William. *Filipenses, Colosenses, I y II Tesalonicenses*, p. 145.
267 HENDRIKSEN, William. *Colosenses y Filemon*, p. 129.
268 BARCLAY, William. *Filipenses, Colosenses, I y II Tesalonicenses*, p. 146.
269 SHEDD, Russell. *Andai nele*, p. 49.
270 BARCLAY, William. *Filipenses, Colosenses, I y II Tesalonicenses*, p. 144.
271 FALCÃO, Silas Alves. *Meditações em Colossenses*, p. 95.
272 RIENECKER, Fritz e ROGERS, Cleon. *Chave lingüística do Novo Testamento Grego*, p. 425.
273 MARTIN, Ralph P. *Colossenses e Filemom*, p. 90.
274 FALCÃO, Silas Alves. *Meditações em Colossenses*, p. 95-97.
275 BARCLAY, William. *Filipenses, Colosenses, I y II Tesalonicenses*, p. 147.
276 HENDRIKSEN, William. *Colosenses y Filemon*, p. 132.
277 HENDRIKSEN, William. *Colosenses y Filemon*, p. 133.
278 WIERSBE, Warren W. *Comentário bíblico expositivo*, p. 165.
279 WIERSBE, Warren W. *Comentário bíblico expositivo*, p. 165
280 BARCLAY, William. *Filipenses, Colosenses, I y II Tesalonicenses*, p. 151.

281 HENDRIKSEN, William. *Colosenses y Filemon*, p. 140.
282 FALCÃO, Silas Alves. *Meditações em Colossenses*, p. 115.
283 WIERSBE, Warren W. *Comentário bíblico expositivo*, p. 167.
284 RIENECKER, Fritz e ROGERS, Cleon. *Chave lingüística do Novo Testamento Grego*, p. 426.
285 BARCLAY, William. *Filipenses, Colosenses, I y II Tesalonicenses*, p. 151.
286 BARCLAY, William. *Filipenses, Colosenses, I y II Tesalonicenses*, p. 152.
287 RIENECKER, Fritz e ROGERS, Cleon. *Chave lingüística do Novo Testamento Grego*, p. 426.
288 SHEDD, Russell. *Andai nele*, p. 52.
289 BARCLAY, William. *Filipenses, Colosenses, I y II Tesalonicenses*, p. 152.
290 MARTIN, Ralph P. *Colossenses e Filemom*, p. 97.
291 BOOR, Werner de. *Carta aos Efésios, Filipenses e Colossenses*, p. 334.
292 SHEDD, Russell. *Andai nele*, p. 52.
293 RIENECKER, Fritz e ROGERS, Cleon. *Chave lingüística do Novo Testamento Grego*, p. 426.
294 HENDRIKSEN, William. *Colosenses y Filemon*, p. 142,143.
295 HENDRIKSEN, William. *Colosenses y Filemon*, p. 143.
296 BARCLAY, William. *Filipenses, Colosenses, I y II Tesalonicenses*, p. 153.
297 HENDRIKSEN, William. *Colosenses y Filemon*, p. 144.
298 SHEDD, Russell. *Andai nele*, p. 53.
299 WIERSBE, Warren W. *Comentário bíblico expositivo*, p. 167.

Capítulo 8

A ameaça do engano religioso
(Cl 2.16-23)

AS HERESIAS SÃO como ervas daninhas: florescem em todos os lugares. Como ervas venenosas, as heresias matam. As heresias resistem ao tempo, cruzam os séculos e ameaçam a Igreja ainda hoje. A primeira advertência de Jesus no Seu sermão profético foi sobre o engano religioso: "Vede que ninguém vos engane. Porque virão muitos em meu nome, dizendo: Eu sou o Cristo, e enganarão a muitos" (Mt 24.4,5).

Depois de falar da heresia gnóstica, uma severa helenização do cristianismo, Paulo trata agora de três novas vertentes da heresia que estava atacando as igrejas do vale do Lico: o legalismo, o sincretismo e o ascetismo. William Barclay diz que a heresia central que esses falsos mestres disseminavam era que Jesus Cristo, Sua obra e Sua doutrina não eram suficientes para a salvação.[300]

Vamos examinar essas três heresias que ameaçavam a Igreja do primeiro século. Ao examiná-las, não faremos apenas uma viagem rumo ao passado, pois elas ainda estão vivas e rondando as igrejas contemporâneas.

A ameaça do legalismo (2.16,17)

O legalismo é um caldo mortífero que ameaçou a Igreja no passado e ainda perturba a Igreja hoje. Warren Wiersbe diz que suas doutrinas consistiam em uma estranha mistura de misticismo oriental com legalismo judeu e uma pitada de filosofia e preceitos cristãos.[301]

O apóstolo Pedro classificou o legalismo como um jugo, uma canga no pescoço: "Agora, pois, por que tentais a Deus, pondo sobre a cerviz dos discípulos um jugo que nem nossos pais puderam suportar nem nós?" (At 15.10). O apóstolo Paulo, de igual forma, via o legalismo como um jugo de escravidão: "Para a liberdade foi que Cristo nos libertou. Permanecei, pois, firmes e não vos submetais, de novo, a jugo de escravidão" (Gl 5.1).

Hendriksen diz que o propósito principal dos falsos mestres era atacar a doutrina da suficiência de Cristo. Eles pregavam que ninguém poderia ser salvo e chegar à perfeição senão por meio de seus regulamentos legalistas.[302]

Os falsos mestres queriam transformar a religião numa questão de regras e prescrições sobre comidas e bebidas. Mas Jesus deixou bem claro que a dieta alimentar em si mesma é alguma coisa neutra. Não é o que entra pela boca, mas o que sai do coração é que contamina o homem (Mt 15.11-20). Jesus considerou puros todos os alimentos

(Mc 7.19). Paulo diz que são os falsos mestres que exigem abstinências de alimentos, que Deus criou para serem recebidos (1Tm 4.3). Paulo dá o seu veredicto: "Pois tudo que Deus criou é bom, e, recebido com ação de graças, nada é recusável, porque pela Palavra de Deus e pela oração, é santificado" (1Tm 4.4,5). Por isso, o próprio apóstolo Paulo diz: "Não é a comida que nos recomendará a Deus, pois nada perderemos, se não comermos, e nada ganharemos, se comermos" (1Co 8.8).

O legalismo era uma das facetas da heresia que ameaçava a igreja de Colossos. Para esclarecer esse ponto, vamos destacar quatro pontos:

Em primeiro lugar, *a descrição do legalismo* (2.16). Os promotores do legalismo andavam pelas igrejas como assaltantes da liberdade cristã. Eles eram escravos de uma infinidade de regras e queriam colocar essas mesmas algemas nos cristãos. Eram prisioneiros e queriam roubar a liberdade dos salvos. Eles argumentavam com os cristãos, buscando convencê-los de que, a menos que guardassem determinados dias e festas do calendário e observassem determinadas dietas com abstinência de certos alimentos e bebidas, jamais poderiam ser salvos ou viver uma vida santa e vitoriosa.

Os falsos mestres faziam uma leitura errada tanto do Antigo quanto do Novo Testamento. Todas as exigências da Velha Aliança relativas aos alimentos e dias sagrados não passavam de sombras das novas condições na era da Igreja. Diz o autor aos hebreus: "Ora, visto que a lei tem sombra dos bens vindouros, não a imagem real das coisas, jamais pode tornar perfeitos os ofertantes, com os mesmos sacrifícios que, ano após ano, perpetuamente eles oferecem" (Hb 10.1). A lei serviu de pedagogo que nos tomou pela mão e nos conduziu a Cristo (Gl 3.23-25).

Em segundo lugar, *as prescrições do legalismo* (2.16). O apóstolo Paulo diz: "Ninguém, pois, vos julgue por causa de comida e bebida, ou dia de festa, ou lua nova, ou sábados" (2.16). Os falsos mestres legalistas se ocupavam de duas coisas básicas: dietas de comida e bebida e dias sagrados. A Igreja de Cristo, porém, não é prisioneiras de calendários nem de dietas. O próprio sábado é uma sombra; a realidade é Cristo. Quais eram as prescrições do legalismo?

a. Eles estavam preocupados com dietas alimentares (2.16). O apóstolo alerta: "Ninguém vos julgue por causa de comida e bebida". Eles se preocupavam com aquilo que entrava no estômago, e não com o que saía do coração. Eles buscavam uma santidade exterior, e não interior. Cuidavam da forma, e não da essência. Fritz Rienecker diz que a idéia de que o homem pode servir à Divindade ou preparar-se para receber uma revelação mediante uma vida ascética era muito comum no mundo antigo.[303] Russell Shedd destaca que os mestres falsos vinham ensinando que algumas comidas e bebidas contaminavam quem as consumia, impedindo a pessoa de entrar em contato com poderes sobrenaturais.[304] Questões de comida e de bebida, porém, não têm conseqüência na prática da piedade cristã. O apóstolo Paulo declara: "Porque o reino de Deus não é comida nem bebida, mas justiça, paz, e alegria no Espírito Santo" (Rm 14.17). A razão disso está no fato de que, com o uso, comida e bebida se destroem (2.22).

b. Eles estavam preocupados com dias especiais (2.16). Paulo prossegue: "Ninguém vos julgue por causa [...] de dia de festa, ou lua nova, ou sábados". Os legalistas pensavam que a observância de certas datas especiais e certas comemorações festivas é que os tornavam aceitáveis a Deus. O principal problema dos falsos mestres não era guardar esses dias especiais, mas ensinar que dessa observância dependia a salvação.

Em terceiro lugar, *o engano do legalismo* (2.17). O apóstolo Paulo derruba o fundamento do legalismo, dizendo: "Porque tudo isso (comida e bebida, ou dia de festa, ou lua nova, ou sábados) tem sido sombra das coisas que haviam de vir; porém o corpo é de Cristo" (2.17). Platão, no seu livro *República*, distingue a sombra (aparência externa) da realidade (a verdade espiritual e interna das coisas). Paulo, porém, usa "sombra" no sentido de prenúncio da realidade.[305] O corpo lança uma sombra, mas o corpo é infinitamente mais real que a sua sombra, além de ser distinto desta.[306]

Paulo refuta os falsos mestres usando a ilustração do "corpo" e da "sombra". Werner de Boor esclarece esse ponto quando escreve:

> Um corpo lança sua sombra e pode ser reconhecido pela sombra, segundo seu contorno. Porém o essencial não é a sombra, mas próprio corpo. Assim o mandamento do sábado de Israel também é "apenas uma sombra do que haveria de vir, o verdadeiro corpo é de Cristo". Os mandamentos e regras dados a Israel eram tão-somente a sombra projetada de uma coisa cuja realidade plena pertence somente a Cristo e chegou nele e com ele.[307]

Nessa mesma linha de pensamento, Russell Norman Champlin diz que a palavra "sombras" deve levar-nos a pensar nos seguintes pontos: ela fala de 1) inexatidão; 2) natureza incompleta; 3) falta de substancialidade; 4) temporalidade; 5) inferioridade; 6) simbolismo; 7) diferença de natureza; 8) questões cerimoniais contidas em ritos; 9) que são coisas dispensáveis.[308]

Essas coisas às quais os legalistas se agarravam eram a sombra, mas o corpo é de Cristo. Quando a realidade chega, não precisamos mais da sombra. Por que retornar à sombra, quando já temos a realidade?

Corroborando essa posição, Fritz Rienecker diz que a palavra grega *skia,* "sombra", usada aqui por Paulo, indica uma sombra que não tem substância em si mesma, e indica a existência de um corpo que a produz ou indica um esboço, um mero esquema do objeto, em contraste com o objeto em si. Isso significa que o ritual do Antigo Testamento era um mero esquema das verdades redentivas do Novo Testamento.[309]

Ralph Martin afirma que a "sombra" é um presságio daquilo que está por vir; e o tempo da substância já chegou, tornando antiquado, desta maneira, tudo quanto apontava para ela como coisa futura. Aquela "substância" é Cristo. A nova era cristã liberta os homens da escravidão ao medo e ao terror supersticioso. Liberta-os de noções falsas e esperanças insubstanciais, e dá-lhes um gosto da realidade na religião, na medida em que chegam a conhecer em Cristo a verdadeira comunhão com o Deus vivo. Esta realidade é aquilo a que Paulo se refere nas suas alusões anteriores à "esperança do evangelho" (1.5,23).[310]

Hendriksen deixa claro esse ponto, quando escreve:

> Por que ter como indispensável o submeter-se a preceitos sobre comida, quando Aquele que foi anunciado pelo maná de Israel se nos oferece a Si mesmo como o Pão da vida? (Jo 6.35,48). Como pode considerar-se a Páscoa (Êx 12.1-12) uma observância necessária para a perfeição espiritual, se "nossa páscoa, que é Cristo, já foi sacrificado por nós?" (1Co 5.7). Que justificativa havia para impor aos que se converteram do mundo gentílico a observância do sábado judeu, quando Aquele que traz o descanso eterno exorta a todos a ir até Ele? (Mt 11.28,29; Hb 4.8,14).[311]

Uma questão intrigante pulsa em nossa mente: Por que o legalismo com sua rigidez fundamentalista é tão popular e tão aceito na maioria das religiões? Warren Wiersbe responde: "É porque dentro desse sistema, é possível medir nossa vida espiritual – e até nos vangloriar dela!"[312]

Em quarto lugar, *a derrota do legalismo* (2.16,17). Em virtude de tudo aquilo que Cristo é e fez por nós, não devemos permitir que ninguém nos julgue pelas regras do legalismo. A preposição "pois" (2.16) nos ensina que a base da nossa liberdade são a pessoa e a obra de Jesus Cristo. Somente depois que Paulo proclamou que Cristo triunfou na cruz sobre os nossos pecados, sobre a lei que nos condenava e sobre as forças espirituais que nos acusavam, é que ele orienta: "Ninguém, pois, vos julgue..." (2.16). A cruz de Cristo é a nossa carta de alforria. Se já morremos e ressuscitamos com Cristo, somos servos Dele e não mais escravos da lei. A lei não exerce mais jurisdição sobre um morto. Agora temos um novo Senhor!

A ameaça do sincretismo (2.18,19)

Destacaremos quatro pontos sobre o sincretismo.

Em primeiro lugar, *a natureza do sincretismo* (2.18). O apóstolo Paulo escreve: "Ninguém se faça árbitro contra vós outros, pretextando humildade e culto dos anjos, baseando-se em visões, enfatuado, sem motivo algum, na sua mente carnal" (2.18). Os falsos mestres que estavam assaltando a igreja de Colossos eram não apenas legalistas, mas também sincretistas. A teologia que eles pregavam era uma mistura, um produto híbrido de filosofia grega, judaísmo legalista e cristianismo. O produto final desse concubinato espúrio era uma heresia que fazia forte oposição à fé evangélica.

Os falsos mestres de Colossos eram profundamente místicos. Eles reprovavam os cristãos por não terem, como eles, imediata experiência com o mundo espiritual à parte da Palavra de Deus. A teologia deles procedia de suas visões, e não das Escrituras. Eles adoravam anjos, espíritos intermediários, e não diretamente a Deus por meio de Cristo. Eles davam mais valor à experiência subjetiva do que à verdade objetiva. Mais valor ao sentimento do que à razão.

Em segundo lugar, *a arrogância do sincretismo* (2.18). Paulo exorta: "Ninguém se faça árbitro contra vós outros..." (2.18). Munidos de suas heresias sincretistas, os falsos mestres tentavam desqualificar os cristãos por não terem como eles as mesmas experiências arrebatadoras. Eles se colocavam na posição de árbitros que desqualificam um atleta e o impedem de receber o seu prêmio.[313]

Russell Shedd esclarece que o termo "árbitro" traduz uma palavra extremamente rara: provavelmente quer dizer "agir na capacidade de um juiz ou árbitro que, num jogo, desqualifica o atleta ou lhe nega o prêmio. Claramente, tais "juízes" eram mestres gnósticos que não davam ao Senhor Jesus Cristo o lugar supremo, mas se reservavam superioridade própria.[314]

Em terceiro lugar, *a idolatria do sincretismo* (2.18). Paulo prossegue: "... pretextando humildade e culto dos anjos..." (2.18). Os falsos mestres estavam enganados quanto à teologia e quanto ao sentimento. Eles não apenas adoravam os anjos, mas diziam que faziam isso por humildade. Paulo já havia ensinado a preeminência de Cristo sobre os anjos (1.16,17,20; 2.9,15). Os anjos são criaturas de Deus e ministros a serviço de Deus (Sl 103.20; Hb 1.14) e não podem ser adorados como Deus, ou no lugar de Deus, ou como intermediários para nos levar a Deus. Os anjos não aceitam adoração humana (Ap 19.10; 22.8,9). Adorar a criatura em lugar do criador provoca a ira a Deus em vez de representar a Ele qualquer agrado (Rm 1.24,25).

Os falsos mestres estavam ensinando que era arrogância uma pessoa tentar ir direto a Deus. Precisavam, portanto, adorar a Deus por meio dos anjos. No entanto, a atitude desses falsos mestres não era de humildade, mas de presunção. Ao desobedecer a um preceito de Deus, eles estavam sendo petulantes, arrogantes e soberbos, e não humildes.

Quando esses falsos mestres acusavam os cristãos de não serem suficientemente humildes e, travestidos de uma falsa humildade, diziam que não eram suficientemente bons para aproximar-se diretamente de Deus, recorrendo antes aos anjos, estavam incorrendo no mesmo engano daqueles que ainda hoje se aproximam de Deus por meio de Maria, de santos ou de outros mediadores. A Bíblia é clara em afirmar que há um só Deus e um só mediador entre Deus e os homens, Jesus Cristo homem (1Tm 2.5).

Werner de Boor está correto quando diz que humildade intencional é forçosamente humildade fabricada e desprezível. A humildade autêntica nunca se aproxima dos outros com exigências e críticas. A falsa humildade sempre se trai pelo orgulho. Os pretensos humildes que interpelavam os cristãos de Colossos estavam ao mesmo tempo ocupando a cátedra de juiz para lhes negar o prêmio da vitória.[315] O homem que pretende ser muito humilde na realidade é insuportavelmente orgulhoso. Sua mente está inflada com o sentido de sua própria importância ao jactar-se das coisas que diz ter visto.[316]

Em quarto lugar, *a base rota do sincretismo* (2.18,19). Paulo conclui: "... baseado em visões, enfatuado, sem motivo algum, na sua mente carnal, e não retendo a cabeça, da qual todo o corpo, suprido e bem vinculado por suas juntas e ligamentos, cresce o crescimento que procede de Deus" (2.18,19).

Destacamos aqui quatro pontos importantes:

a. A religião do sincretismo não é bíblica, mas mística. O sincretismo é uma heresia, uma religião heterodoxa. Ele está baseado em visões, e não na verdade revelada. Está fundamentado na experiência, e não na Escritura. Aquele que cai nesse laço do engano acredita ter visto algo e jacta-se dessa experiência. Faz dela o assunto mais grandioso. Se alguém se atreve a contradizê-lo ou colocar em dúvida suas teorias, ele responderá: "Mas eu tivesse essa ou aquela visão". Ao agir assim, essa pessoa coloca sua experiência mística acima da Palavra de Deus e julga-se possuidora de uma revelação especial de Deus e de um conhecimento superior de Deus além das Escrituras.[317]

Floresce de maneira vigorosa em nossos dias o sincretismo. As pessoas deixam o sincretismo pagão para abraçar outro sincretismo chamado "evangélico". As pessoas entram para a "igreja evangélica", mas continuam prisioneiras de crendices forâneas e estranhas à Palavra de Deus.

b. A religião do sincretismo não é espiritual, mas carnal. Os falsos mestres arrotavam uma espiritualidade que não possuíam. Eles se diziam humildes, mas eram enfatuados. Diziam-se espirituais, mas eram carnais. Queriam ser juízes dos outros, mas não julgavam a si mesmos. Queriam reprovar os outros, mas não enxergavam o quão longe eles mesmos estavam de Deus. William Hendriksen afirma a mente é carnal quando baseia sua esperança para a salvação em qualquer coisa que não seja Cristo somente (2.19). Não faz nenhuma diferença se o fundamento no qual tenha colocado a sua esperança seja a força física, a habilidade, as boas obras ou, como aqui, visões transcendentais. Tudo é igualmente a mente carnal.[318]

c. A religião do sincretismo proclama ser de Cristo, mas está desligada dele (2.19). Os falsos mestres estavam desligados de Cristo e da Sua Igreja. Não tinham conexão com a cabeça nem com o corpo. O sincretismo é como um corpo morto desligado da cabeça, que é Cristo. Como as heresias crescem, o sincretismo também cresce numericamente, mas não o crescimento que procede de Deus. Um dos maiores equívocos da nossa geração pragmática e mística é a afirmação de que, onde existe uma multidão, aí está a verdade. O argumento é o seguinte: se a igreja está crescendo, é obra de Deus, porque, se não fosse de Deus, o trabalho jamais prosperaria. Esse raciocínio é enganoso e falaz. Tal conclusão está equivocada. Nem tudo o que cresce é verdadeiro. Nem todo "sucesso" procede de Deus. Nessa sociedade embriagada pelo sucesso, o critério na busca da verdade mudou radicalmente. O pragmatismo místico não se interessa pela verdade. Aliás, ele tem aversão por ela. Esse sincretismo pragmático busca o que funciona; não busca o que é certo, mas o que dá certo. Resultado, e não fidelidade, é tudo o que um pregador pragmático almeja. Uma igreja não é automaticamente fiel por estar crescendo numericamente.[319] Paulo diz que a igreja não necessita nem de outra fonte de poder, nem deve buscá-la, para vencer o pecado ou para crescer no conhecimento, virtude e gozo.

d. A religião do sincretismo proclama ser verdadeira, mas é totalmente falsa (2.19). É falsa toda religião que não segue a orientação da cabeça, que é Cristo. É engodo toda religião que dá mais valor às visões, ensinos e experiências dos homens que ao ensino de Cristo. Toda religião que se isola e pretende ser a única detentora da verdade sem estar suprida pela cabeça e bem vinculada por suas juntas e ligamentos é um câncer no corpo em vez de crescer o crescimento que procede de Deus.

O perigo do ascetismo (2.20-23)

Paulo condenou o gnosticismo, o legalismo, o sincretismo e agora condena o ascetismo, a crença de que podemos crescer espiritualmente simplesmente abstendo-nos de coisas, flagelando o nosso corpo e mortificando-nos fisicamente. Warren Wiersbe diz que essas práticas ascéticas se tornaram comuns durante a Idade Média: usar vestes de pêlos, dormir em camas duras, flagelar-se, passar dias ou anos sem falar, fazer longos jejuns ou ficar sem dormir.[320] O ascetismo venceu a barreira do tempo e chegou até nós. Essa heresia ainda ameaça a igreja contemporânea.

O apóstolo Paulo sintetiza o ascetismo em três proibições: "Não manuseies", "não proves" e "não toques" (2.21). Embora devamos cuidar do nosso corpo como templo do Espírito (1Co 6.19) e tratá-lo com disciplina para não sermos desqualificados (1Co 9.27), o ascetismo é uma falácia. Ele é fruto do entendimento errado da filosofia grega. É enganosa a idéia de que a matéria é má e de que, sendo o nosso corpo matéria, ele precisa ser castigado e privado dos prazeres. O nosso corpo não é pecaminoso. Deus ama o nosso corpo, protege-o, sustenta-o, salva-o e o glorificará.

Vamos examinar alguns perigos que a religião asceta pode trazer.

Em primeiro lugar, *o ascetismo produz escravidão* (2.20). O apóstolo Paulo escreve: "Se morrestes com Cristo para os rudimentos do mundo, por que, como se vivêsseis no mundo, vos sujeitais a ordenanças...?" (2.20). O ascetismo é a religião do NÃO. É a crença de que podemos agradar a Deus obedecendo a uma lista de "nãos". Para o ascetismo, a ênfase está nos aspectos negativos, e não nos positivos. Ser cristão é muito mais quem você não é do que quem você é; muito mais aquilo que você não pratica do que aquilo que você pratica. Aqueles que caem na teia do ascetismo tornam-se escravos de regras e mais regras, preceitos e mais preceitos. William Hendriksen diz que, em vez do ascetismo ser um remédio contra a satisfação dos desejos da carne, os fomenta e promove.[321]

Paulo declara que, quando Cristo foi à cruz levou não apenas a lista dos nossos pecados, mas também a lei que nos acusava e nos condenava. A morte de Cristo foi a nossa morte e, pela Sua ressurreição, recebemos uma nova vida. Agora somos livres do pecado e da lei. Não precisamos mais colocar o nosso pescoço debaixo desse jugo. Carregamos numa mão a certidão de óbito da velha vida e na outra a certidão do novo nascimento. Somos verdadeiramente livres!

Werner de Boor coloca essa questão assim:

> Ninguém está tão separado do mundo quanto o morto. O mundo, com tudo o que é contrário a Deus e deteriorado, não é mais minha vida; não atrai mais meu coração nem preenche mais minha mente e meus anseios. Essa é uma separação do mundo bem diferente e muito mais profunda do que evitar permanentemente centenas de coisas com temor, porque a rigor elas ainda são tentadoras e perigosas para mim. Por isso, "se morrestes com Cristo para longe dos elementos do mundo, por que, como se ainda tivésseis a vida no mundo, vos deixais impor preceitos?" Também nesse caso os colossenses novamente trocariam apenas "corpo" por "sombra", liberdade real por escravidão.[322]

Em segundo lugar, *o ascetismo está preocupado apenas com a aparência e não com a essência das coisas* (2.21,22). O apóstolo Paulo continua: "... não manuseies isto, não proves aquilo, não toques aquiloutro, segundo os preceitos e doutrinas dos homens? Pois que todas estas coisas, com o uso, se destroem" (2.21,22). O ascetismo é uma religião de aparências. Ele se preocupa apenas com a forma, e não com a essência; com o método, e não com o conteúdo; com o exterior, e não com o interior. Seu grande lema é: não manuseies, não proves, não toques (2.21). Paulo, porém, diz que Deus nos dá todas as coisas para vivermos prazerosamente (1Tm 6.17). Podemos comer o melhor desta terra (Is 1.19).

O ascetismo está preocupado com aquilo que desce ao estômago e é lançado fora do corpo, em vez de preocupar-se com o que se aloja e procede do coração. Todos os alimentos foram criados para serem recebidos com ações de graça (1Tm 4.3). Mas as doutrinas de homens tentam substituir a Palavra de Deus (Mc 7.6-9). Jesus disse que a comida vai para o estômago, e não para o coração (Mc 7.18). Paulo diz que não existe nenhuma coisa em si mesma impura (Rm 14.14). Comer ou não comer não nos faz mais ou menos espirituais. As seitas estão preocupadas com as aparências; a fé cristã está preocupada com a essência.

Em terceiro lugar, *o ascetismo proíbe em nome de Deus o que Deus não está proibindo* (2.22). Paulo diz que a religião do ascetismo não está baseada na Palavra de Deus, mas em preceitos e doutrinas de homens. Essa doutrina é invenção humana, e não revelação divina. Procede do enganoso coração humano, e não da santa Palavra de Deus. Novamente podemos ouvir o eco da palavra de Cristo aos fariseus: "Hipócritas! Bem profetizou Isaías a vosso respeito, dizendo: Este povo honra-me com os lábios, mas o seu coração está longe de mim. E em vão me adoram, ensinando doutrinas que são preceitos de homens" (Mt 15.7-9). Há igrejas que relativizam a Palavra de Deus e absolutizam regras e preceitos humanos. Os usos e os costumes tornam-se mais importantes do que as Escrituras.

Em quarto lugar, *o ascetismo é enganador em suas propostas* (2.23). O apóstolo Paulo conclui: "Tais coisas, com efeito, têm aparência de sabedoria, como culto de si mesmo, e de falsa humildade, e de rigor ascético; todavia, não têm valor algum contra a sensualidade" (2.23). O ascetismo tem aparência de sabedoria e humildade, mas não tem valor nenhum diante de Deus. É um sacrifício inútil. É um culto de si mesmo, uma religião feita para si mesmo. Tem uma piedade falsa e fingida. Tratava-se de uma inovação barata, de fabricação própria, de um culto falsificado.[323] Ele não valor espiritual nenhum. É um engano. Não torna ninguém mais santo. Paulo diz que as regras rigorosas dos ascetas "não têm valor algum contra a sensualidade" (2.23). Nenhum amontoado de regras religiosas pode mudar o coração do homem. Somente o Espírito Santo pode fazê-lo.

Warren Wiersbe diz que as regras rigorosas dos ascetas no máximo fazem aflorar o que há de pior, em vez de estimular o que há de melhor.[324] A santificação ascética e legalista foi clara e terminantemente rejeitada pelo apóstolo Paulo. Em nenhum lugar a carne é tão bem camuflada e tão perigosa como quando se torna "religiosa", diz Werner de Boor.[325] A religião das obras nada mais é do que a religião do orgulho.[326] Ela professa humildade diante do mundo, mas essa humildade é falsa, pois ensina uma salvação adquirida pelo esforço do homem, rejeitando dessa forma a graça de Deus. A verdadeira humildade reconhece sua total carência da graça de Deus (Mt 5.3). Ela não chega diante de Deus batendo no peito, aplaudindo suas próprias virtudes e exigindo seus direitos, mas chega prostrada, suplicando Sua misericórdia. A verdadeira humildade recebe de bom grado a salvação comprada por Cristo na cruz em vez de querer abrir um novo caminho para o céu mediante as obras.

William Hendriksen corretamente afirma que qualquer sistema religioso que não deseja aceitar a Jesus Cristo como o único e todo suficiente Salvador é uma gratificação da carne e uma entrega ao capricho pecaminoso do homem, como se ele pudesse, mediante seus próprios inventos, aperfeiçoar a já completa e cabal obra de Cristo.[327]

Russell Shedd destaca as romarias que as pessoas fazem até Fátima, em Portugal, ou até Aparecida, no Brasil, andando de joelhos nus e ensangüentados, sofrendo agonias, na esperança de que a severidade no trato do corpo venha a agradar a Deus ou à "santa"; mas isto em nada transforma o coração do sofredor.[328]

Ralph Martin conclui esse ponto nas seguintes palavras:

> Paulo reconhece que o ascetismo possa produzir visões, mas a condenação dele recai sobre o motivo e os resultados. O motivo é o desejo de uma experiência espiritual que passe por cima de Cristo e procure a gratificação numa exaltação sensual. O resultado final é um senso de orgulho espiritual, o que Paulo chama de uma capitulação à sensualidade, à "satisfação da carne", ou seja, da natureza não-regenerada do homem.[329]

Bruce Barton exorta que devemos acautelar-nos acerca da religião das obras, sempre fazendo as seguintes perguntas: 1) Esse grupo religioso está enfatizando a graça de Deus ou as regras feitas pelos homens? 2) Esse grupo religioso tem uma vida disciplinada ou é impiedosamente crítico dos outros? 3) Esse grupo religioso coloca sua ênfase na Palavra de Deus ou em fórmulas, conhecimentos secretos e visões especiais? 4) Esse grupo religioso exalta a Cristo e Sua obra ou os observadores de suas regras? 5) Esse grupo religioso reconhece e valoriza a Igreja de Cristo, comprada pelo Seu sangue, ou a negligencia, exaltando apenas o seu grupo?[330]

Notas do capítulo 8

[300] BARCLAY, William. *Filipenses, Colosenses, I y II Tesalonicenses,* p. 145.
[301] WIERSBE, Warren W. *Comentário bíblico expositivo,* p. 168.
[302] HENDRIKSEN, William. *Colosenses y Filemon,* p. 144.
[303] RIENECKER, Fritz e ROGERS, Cleon. *Chave lingüística do Novo Testamento Grego,* p. 426.
[304] SHEDD, Russell. *Andai nele,* p. 55.
[305] BARTON, Bruce B. et al. *Life application bible commentary on Philippians, Colossians and Philemon,* p. 197.
[306] CHAMPLIN, Russell Norman. *O Novo Testamento interpretado versículo por versículo,* p. 124.
[307] BOOR, Werner de. *Carta aos Efésios, Filipenses e Colossenses,* p. 338.

308 CHAMPLIN, Russell Norman. *O Novo Testamento interpretado versículo por versículo*, p. 124.
309 RIENECKER, Fritz e ROGERS, Cleon. *Chave lingüística do Novo Testamento Grego*, p. 426.
310 MARTIN, Ralph P. *Colossenses e Filemom*, p. 102.
311 HENDRIKSEN, William. *Colosenses y Filemon*, p. 146.
312 WIERSBE, Warren W. *Comentário bíblico expositivo*, p. 169.
313 WIERSBE, Warren W. *Comentário bíblico expositivo*, p. 169.
314 SHEDD, Russell. *Andai nele*, p. 56.
315 BOOR, Werner de. *Carta aos Efésios, Filipenses e Colossenses*, p. 340.
316 HENDRIKSEN, William. *Colosenses y Filemon*, p. 150.
317 HENDRIKSEN, William. *Colosenses y Filemon*, p. 149.
318 HENDRIKSEN, William. *Colosenses y Filemon*, p. 150.
319 LOPES, Hernandes Dias. *Morte na panela*, p. 22,23.
320 WIERSBE, Warren W. *Comentário bíblico expositivo*, p. 171.
321 HENDRIKSEN, William. *Colosenses y Filemon*, p. 152.
322 BOOR, Werner de. *Carta aos Efésios, Filipenses e Colossenses*, p. 339,340.
323 MARTIN, Ralph P. *Colossenses e Filemom*, p. 109.
324 WIERSBE, Warren W. *Comentário bíblico expositivo*, p. 173.
325 Boor, Werner de. *Carta aos Efésios, Filipenses e Colossenses*, p. 343.
326 Autor desconhecido. *The teacher's outline and study bible on Colossians*, p.126.
327 HENDRIKSEN, William. *Colosenses y Filemon*, p. 156.
328 SHEDD, Russell. *Andai nele*, p. 58.
329 MARTIN, Ralph P. *Colossenses e Filemom*, p. 109.
330 BARTON, Bruce B. et al. *Life application bible commentary on Philippians, Colossians and Philemon*, p. 201.

Capítulo 9

As evidências de uma verdadeira conversão
(Cl 3.1-11)

HÁ ESTREITA CONEXÃO entre o que Paulo ensinou até aqui e o que ensinará doravante. Paulo passa da falsa religiosidade para as evidências de uma verdadeira conversão. As "ordenanças" de Deus nestes versículos são evidentemente opostas às invenções legalistas de homens.[331]

William Hendriksen está certo quando afirma que a falsa solução dos gnósticos para uma vida santa foi rejeitada por Paulo nos capítulos 1 e 2 de Colossenses. Paulo deixou claro que não existe cura material para um mal espiritual. Deixou claro que maltratar o corpo jamais trará cura para a alma enferma. Cristo, e só Ele, é a resposta. Cristo, em toda a plenitude de Seu amor e poder.[332]

Paulo mostra que há uma estreita conexão entre aquilo em que nós cremos e aquilo que nós praticamos. Não pode existir um abismo entre a fé e a prática, entre o discurso e a vida.

Evidenciamos a verdadeira conversão quando desejamos as coisas do céu mais do que as da terra (3.1-4)

A verdadeira conversão pode ser percebida: pela nossa identificação com Cristo e pela nossa aspiração por Cristo. Vamos considerar esses dois pontos.

Em primeiro lugar, *os convertidos se identificam com Cristo* (3.1-4). O apóstolo Paulo menciona os seguintes aspectos da nossa identificação com Cristo.

a. Nós morremos com Cristo (3.3a). Cristo não apenas morreu por nós (substituição), mas nós também morremos com Ele (identificação).[333] Estávamos mais pertos de Cristo do que os dois malfeitores que foram crucificados com Ele. Estávamos na cruz do centro. Na cruz Cristo não apenas pagou a nossa dívida com Sua morte, mas também quebrou o poder do pecado em nossa vida. O apóstolo pergunta: "Como viveremos ainda no pecado, nós os que para ele morremos?" (Rm 6.2). Russell Shedd está correto quando diz que a morte inevitavelmente desliga o morto dos interesses deste mundo. De igual forma, na morte com Cristo deve haver uma mudança de 180 graus na ambição do convertido.[334]

b. Nós vivemos em Cristo (3.4a). Cristo é a nossa vida. Paulo disse aos filipenses: "Para mim o viver é Cristo (Fp 1.21). Aos gálatas, Paulo afirmou: "Não sou eu mais quem vive, mas é Cristo que vive em mim" (Gl 2.20). A vida eterna é Cristo. "Aquele que tem o Filho tem a vida; aquele que não tem o Filho de Deus não tem a vida" (1Jo 5.12).

A essência da vida eterna é conhecer a Cristo (Jo 17.3). William Barclay conta que algumas vezes dizemos de alguém: "A música é sua vida. O esporte é sua vida. Fulano vive para trabalhar". Os tais encontram a vida e tudo o que ela significa na música, nos esportes e no trabalho. Para o cristão, porém, Cristo é a vida. Jesus Cristo domina seu pensamento e preenche sua alma.[335]

c. Nós ressuscitamos com Cristo (3.1a). A expressão grega *ei oun synegerthete* fala de uma ação completada. Ela pode ser traduzida como segue: "Tendo em vista que vocês ressuscitaram".[336] Os cristãos possuem dentro de si mesmos a vida da ressurreição. Portanto, devem experimentar o poder da ressurreição de Cristo em um grau cada vez mais alto.[337] O apóstolo Paulo escreve: "Portanto, se fostes ressuscitados juntamente com Cristo, buscai as coisas lá do alto, onde Cristo vive, assentado à direita de Deus" (3.1). A condicional "se" deste primeiro versículo não é uma expressão de dúvida. Todos os que recebem a Cristo estão identificados com Ele na Sua morte, sepultamento, ressurreição e ascensão. Warren Wiersbe diz que o sentido mais exato desse termo seria "uma vez que". Nossa posição exaltada em Cristo não é algo hipotético, tampouco um alvo que devemos esforçar-nos para alcançar. É um fato consumado.[338]

É possível estar vivo e ainda viver na sepultura. Em 1986, visitei o Egito e fiquei surpreso ao ver famílias morando dentro do cemitério, na cidade do Cairo. Durante a Segunda Guerra Mundial, vários refugiados judeus esconderam-se em um cemitério; sabe-se até de um bebê que nasceu em um dos túmulos.[339] Porém, quando cremos em Cristo, Ele nos tira da sepultura e nos transporta para os lugares celestiais, onde está assentado à destra de Deus.

d. Nós estamos escondidos com Cristo (3.3b). Nós não mais pertencemos ao mundo, mas a Cristo. As fontes da vida nas quais nos alegramos vêm somente Dele. Russell Shedd está coberto de razão quando declara não haver razão alguma para procurar outras fontes nem meios para o suprimento da vida cristã, como encorajavam os hereges gnósticos.[340] Em Cristo estão escondidos todos os tesouros da sabedoria e do conhecimento (2.3).

William Barclay diz que os falsos mestres achavam que os seus livros guardavam e escondiam a sabedoria. Esses livros, chamados de *apokrifoi,* eram livros escondidos de todos, exceto daqueles que eram iniciados na leitura. Esses *apokrifoi* – livros escondidos – continham para o gnóstico os tesouros da sabedoria. Agora, a palavra que Paulo usa para dizer que estamos escondidos com Cristo em Deus é parte do verbo *apokrytein,* de onde procede o adjetivo *apokrytos.* Sem dúvida que uma palavra sugere a outra. É como se Paulo dissesse: "Para vós outros os tesouros da sabedoria estão escondidos em vossos livros secretos; para nós outros, porém, Cristo é o tesouro da sabedoria e nós estamos escondidos Nele".[341] Estar escondido com Cristo significa que Nele nós temos segurança e satisfação.

A nossa esfera de vida não é mais terrena. Nascemos do alto. Buscamos as coisas do alto. Estamos assentados com Cristo nas regiões celestes. Nossa Pátria está no céu. Aspiramos às coisas do céu. Isso não significa irresponsabilidade com as coisas da terra, mas significa que os nossos motivos e a nossa força vêm do céu, e não da terra.[342]

e. Nós estamos glorificados com Cristo (3.4b). Cristo agora está assentado à direita de Deus Pai no céu, mas um dia Ele virá em glória para nos levar para o lar (1Ts 4.13-18). Quando Ele se manifestar, nós, que estamos escondidos com Ele, também seremos manifestados em glória (1Jo 3.2). É óbvio que Cristo e nós não somos da mesma essência, como o são o Pai e o Filho. Nada obstante, a vida de Cristo é a fonte e modelo de nossa vida.[343] Na mente e nos decretos de Deus nós já estamos glorificados (Rm 8.30). Seguindo o modo de falar hebraico, esse é o tempo passado profético. Essa glória simplesmente ainda não foi revelada. Ela ainda está por vir. Geoffrey Wilson, citando F. F. Bruce, diz que "a santificação é a conformidade progressiva à imagem de Cristo aqui e agora; a glória é a conformidade perfeita à imagem de Cristo lá e então. Santificação é glória começada; glória é santificação completada".[344] O fim do nosso caminho não é o sepulcro coberto de lágrimas, mas o hino triunfal da gloriosa ressurreição. A nossa jornada não terminará com o corpo surrado pela doença, enrugado pelo peso dos anos, coberto de pó na sepultura, mas receberemos um corpo de glória, semelhante ao de Cristo (Fp 3.21). Nosso choro cessará, nossas lágrimas serão estancadas. Não haverá mais luto, nem pranto, nem dor (Ap 21.4).

Em segundo lugar, *os convertidos têm aspiração por Cristo* (3.1,2). Essa aspiração por Cristo é descrita pelo apóstolo Paulo de duas maneiras.

a. Os convertidos buscam mais as glórias de Cristo do que as glórias deste mundo (3.1). O verbo grego *zeteite,* que Paulo usa para "buscar", está no presente e isso demanda uma atividade contínua e habitual.[345] Essa palavra tem também o sentido de "investigar".[346] Na mesma linha de pensamento, William Hendriksen diz que o verbo "buscar" implica uma busca perseverante. Este buscar é mais do que um buscar para encontrar; é um buscar para possuir.[347] Uma pessoa convertida busca em primeiro lugar o reino de Deus e a Sua justiça. Busca prioritariamente as coisas do céu. Aspira mais pelo Reino dos céus do que por riquezas na terra. Um indivíduo convertido tem saudade do céu. Seus olhos estão postos naquela cidade cujo arquiteto e fundador é Deus. O céu é o seu lar, sua recompensa, seu prazer, sua origem e seu destino.

b. Os convertidos pensam mais nas coisas do céu do que nas coisas da terra (3.2). Ralph Martin diz que o verbo *phronein*, "pensar" significa muito mais do que um exercício mental, e tem pouco a ver com o estado emocional da pessoa. Sua esfera é mais aquela da motivação na medida em que o motivo determina uma linha de ação e a conduta do indivíduo.[348] As coisas do alto deviam inspirar e controlar a vida dos cristãos. Os nossos pés devem estar sobre a terra, mas a nossa mente deve estar no céu. Hoje vivemos a inversão desses valores. Os cristãos querem um paraíso neste mundo e ajuntar tesouros na terra. Estão agarrados às coisas da terra, por isso não aspiram às coisas do céu.

Evidenciamos a verdadeira conversão quando mortificamos nossa natureza terrena (3.5-9)

As reivindicações de um falso ascetismo já haviam sido desmascaradas e refutadas num trecho anterior da carta de Paulo (2.20-23). Agora, o apóstolo volta a defender o que, para ele, era uma linha positiva de controle próprio, que é tanto oposta à permissividade (3.5-8) quanto afirmadora de um estilo de vida apropriado para o caráter cristão (3.10,11).[349] O apóstolo Paulo aborda três sublimes verdades aqui.

Em primeiro lugar, *devemos andar com a certidão de óbito no bolso* (3.5-7). O apóstolo Paulo dá uma ordem: "Fazei, pois, morrer a vossa natureza terrena..." (3.5). A palavra "pois" indica que a mortificação, na prática, é motivada pelas verdades espirituais que acabamos de ver nos versículos anteriores.³⁵⁰ A palavra grega *nekrosate,* "fazer morrer", é a mesma da qual vem nossa palavra "necrotério". Precisamos andar com a nossa certidão de óbito no bolso. Porque morremos com Cristo (3.3), temos poder para fazer morrer a nossa natureza terrena (isso não é ascetismo – flagelação do corpo). Devemos considerar-nos mortos para o pecado (Rm 6.11). Jesus disse: "Se o teu olho direito te faz tropeçar, arranca-o e lança-o de ti" (Mt 5.29).

É óbvio que nem Paulo nem Cristo estão falando de uma cirurgia literal. O mal não vem do olho, da mão, do pé, mas sim do coração, que abriga desejos perversos.³⁵¹ Li algures sobre duas jovens que se converteram depois de vários anos vivendo na boemia. Suas parceiras de aventuras mundanas, um dia, as convidaram para irem juntas à boate, ao que elas prontamente responderam: "Nós não podemos ir, porque estamos mortas".

Em segundo lugar, *devemos saber para quais coisas estamos mortos* (3.5). Paulo enumera vários pecados. Esses pecados faziam parte da velha vida dos colossenses (3.7) e eles atraem a ira de Deus (3.6). Esses pecados não são mais compatíveis com a nova vida que temos em Cristo.

Que pecados são esses?

a. Pecados morais. Prostituição, impureza e lascívia estão diretamente ligados a pecados sexuais. Toda sorte de relação sexual antes e fora do casamento está aqui incluída.

– A prostituição, *pornéia,* refere-se à imoralidade sexual em geral. Inclui desde as relações sexuais extraconjugais até os casamentos contraídos entre parceiros com graus ilícitos de parentesco.³⁵² A palavra *porneia* vem do verbo *pernumi,* que quer dizer "vender". Fica evidente que, para Deus, este pecado de vender ou comprar um ato do mais profundo amor é um dos pecados mais graves que podem ser cometidos.[353]

– A impureza, *akatharsia*, pode ser definida como a impudicícia concupiscente relacionada à luxúria e à vida libertina. Em seu sentido físico, *akatharsia* descrevia a sujeira ou a putrefação de uma chaga infectada; moralmente significava qualquer coisa revoltante e miserável, particularmente perversão sexual.[354]

– A paixão lasciva, *pathos*, refere-se a um desejo irrestrito, um impulso ou força que não descansa até ser satisfeito.[355] Trata-se da pessoa que fica dominada pelo fogo do sexo.[356] É a paixão que leva aos excessos sexuais ou até mesmo às perversões.[357] Foi por causa desse pecado que Davi adulterou com Bate-Seba e que Amnon violentou sua irmã Tamar.

Paulo condena não apenas o ato pecaminoso, mas também a intenção e o desejo impuro. Fica claro que os desejos e apetites conduzem às ações. A fim de purificar os atos, é preciso antes purificar a mente e o coração.[358] No mundo antigo as relações pré-matrimoniais e extraconjugais não eram motivo de vergonha. Ao contrário, o mundo antigo considerava o apetite sexual como algo que devia ser saciado e não controlado.[359]

b. Pecados sociais. Desejo maligno e avareza falam de desejar o mal para os outros e de desejar o que é dos outros. O que nós desejamos determina o que nós fazemos. A palavra grega *epithumia*, "desejo", pode descrever tanto um desejo santo (Lc 22.15) como um desejo pecaminoso (Rm 7.7,8; 1Ts 4.5). Paulo, porém, fala de um desejo maligno, *epithumia kaken*. Trata-se de um desejo não só intenso, mas pervertido.

A avareza, *pleonexia*, é o pecado de desejar sempre mais, sem nunca se satisfazer: sejam coisas ou prazeres.[360] Ralph

Martin diz que esse é o pecado da possessividade, o desejo insaciável de colocar as mãos nas coisas materiais.[361] Russell Shedd diz que avareza comunica a idéia de tirar uma vantagem egoísta, muitas vezes iludindo e prejudicando a vítima.[362] William Hendriksen entende que todo pecado é basicamente egoísmo, a adoração de si mesmo em vez de Deus.[363]

Segundo William Barclay, a palavra *pleonexia* provém de dois termos gregos. A primeira metade da palavra provém de *pleon*, que significa "mais"; a segunda deriva de *equein*, que significa "ter". *Pleonexia*, portanto, é fundamentalmente o desejo de ter mais. Os gregos a definiam como um desejo insaciável e diziam que satisfazê-lo era como tentar encher d'água um recipiente rachado.

A idéia básica de *pleonexia* é a de um desejo que o homem não tem o direito de alimentar. O desejo de dinheiro, por exemplo, conduz ao roubo; o desejo de poder conduz à tirania, e o desejo sexual conduz à impureza. É o desejo de obter sempre o que não se tem direito de possuir.[364] Isso é idolatria, porque coloca as coisas no lugar de Deus e substitui Deus por coisas ou prazeres. A essência da idolatria é o desejo de obter. O homem que está dominado pelo desejo de possuir coisas coloca-as no lugar de Deus e as adora e lhes presta culto às coisas em vez de adorar a Deus.[365] Nessa mesma linha de pensamento, Ralph Martin diz que a avareza leva uma pessoa para longe de Deus e a encoraja a confiar nas suas possessões materiais. Por isso, a avareza não é melhor do que a idolatria, a devoção a um deus falso.[366]

Russell Shedd destaca que deve ser muito importante o fato de Paulo definir a "avareza" como "idolatria". Essa palavra grega *eidololatria*, vinda de *latreia*, "serviço ou culto religioso", descreve a principal abominação praticada pelo povo de Deus e pelos pagãos durante quase todo o decurso da história bíblica. A ira de Deus tem de se manifestar com toda força contra o culto àquilo que é criado, em lugar do culto ao Criador (Rm 1.19-23).[367] William Hendriksen afirma que esses pecados atraem a ira de Deus como o ímã atrai o ferro ou como um alto pára-raios atrai o raio.[368] Paulo escreve essas coisas para dissuadir os cristãos de pecar. Sendo, assim, a ira de Deus contra o pecado é uma manifestação de misericórdia aos pecadores.

Em terceiro lugar, *devemos despojar-nos das mortalhas da velha vida e deixá-las na sepultura* (3.8,9). O apóstolo Paulo prossegue na lista de pecados que devem ser removidos da nossa vida, uma vez que morremos e ressuscitamos com Cristo. Agora, Paulo fala de mais duas categorias de pecado.

a. Pecados ligados ao temperamento (3.8). Paulo menciona três pecados: ira (*thumos*), indignação (*orge*) e maldade (*kakian*). Esses três pecados falam de um temperamento não controlado pelo Espírito de Deus. A ira (*thumos*) descreve um temperamento explosivo como fogo de palha. Ela se relaciona com a palavra "ferver".[369] Por outro lado, a indignação (*orge*) é uma ira inveterada, que arde continuamente, que se recusa a ser pacificada e jamais cessa. Ralph Martin diz que essas duas explosões de mau gênio humano destroem a harmonia dos relacionamentos humanos.[370] A maldade (*kakia*) fala de uma depravação mental da qual surgem todos os vícios particulares. É um mal que a tudo invade.[371] Trata-se de um desejo maligno contra uma pessoa a ponto de entristecer-se quando ela é bem-sucedida e de alegrar-se quando ela passa por problemas. O homem de Deus não tem licença da parte do Senhor para manifestar indignação fria nem irritação impaciente, pois estas quase sempre excluem o amor que edifica.[372]

b. Pecados ligados à língua (3.8,9). Aquela lista agora é substituída por um novo catálogo, que consiste nos pecados da língua. Novamente Paulo menciona três pecados: maledicência, linguagem obscena e mentira. Todos esses são termos que descrevem o uso indevido e impróprio da língua.

O termo grego para maledicência é *blasfemia,* que neste contexto se refere mais a uma difamação do caráter humano do que a uma maldição dirigida contra Deus.[373] Aqui blasfêmia é falar mal dos outros.

Linguagem obscena é uma expressão que só aparece aqui em todo o Novo Testamento e sugere uma linguagem abusiva e grosseira.[374] Significa ter a boca suja e refere-se a todo tipo de palavra torpe, de comunicação vulgar e de humor de baixo calão.[375]

Mentira é o falseamento a verdade. Quando um cristão mente, ele está cooperando e aliando-se com Satanás, que é o pai da mentira. Espalhar contenda entre os irmãos é o pecado que a alma de Deus mais abomina (Pv 6.16-19).

Russell Shedd alerta:

> As críticas aos nossos irmãos devem ser de tal modo dominadas pelo amor que sempre expressem o desejo de encorajar, e nunca a intenção de destruir maliciosamente. Cuidado com as fofocas e os comentários desnecessários que, ao invés de encorajar e abençoar, amaldiçoam e desestimulam.[376]

Evidenciamos a verdadeira conversão quando nos revestimos de Cristo (3.10,11)

O apóstolo menciona quatro verdades benditas aqui.

Em primeiro lugar, *porque o velho homem morreu, o novo homem deve estar no controle* (3.10). Porque vivemos em Cristo, devemos buscar as coisas lá do alto. Porque morremos com Cristo, devemos despojar-nos das coisas que pertenceram à velha vida de pecado. O resultado é que nos tornamos semelhantes a Jesus Cristo. Quando confiamos em Jesus Cristo, removemos a velha vida e colocamos a nova no lugar. O velho homem é sepultado, e o novo homem agora está no controle. O verbo "revestistes" está no particípio presente, significando que nós somos constantemente renovados. O ato da salvação conduz ao processo da santificação.

Em Cristo recebemos um novo coração, uma nova vida, uma nova família, uma nova pátria. O profeta Jeremias falou que Deus faria uma nova aliança em que imprimiria as Suas leis no coração dos Seus servos (Jr 31.31-34). Ezequiel predisse que Deus tiraria o coração de pedra do homem e lhe daria um coração de carne (Ez 11.19; 18.31). Jesus declarou que a maior necessidade do homem é nascer de novo, nascer do alto, do Espírito (Jo 3.3,5). Pedro escreveu que os cristãos são "gerados de novo não da semente corruptível, mas da incorruptível pela Palavra de Deus" (1Pe 1.23).[377]

Em segundo lugar, *porque o velho homem morreu, o novo homem é continuamente renovado em Cristo* (3.10). Essa renovação processa-se de duas maneiras:

a. Por meio do conhecimento (3.10). Quanto mais conhecemos a Cristo, mais nos tornamos semelhantes a Ele (Fp 3.10). Esse conhecimento não é o conhecimento místico e esotérico dos gnósticos. Não se trata apenas de um conhecimento teórico, mas de um relacionamento pessoal e íntimo com Cristo. Não é apenas conhecer sobre Jesus, mas conhecer a Jesus.

b. Pela transformação à imagem de Cristo (3.10). O homem foi criado à imagem e semelhança de Deus. Ele é a imagem *criada* (criação), *deformada* (pecado) e *transformada* (redenção).[378] Quando Adão pecou, ele não perdeu totalmente a imagem de Deus, do contrário deixaria de ser homem. Mas aquela imagem foi deformada pelo pecado. É como uma pessoa que se aproxima numa noite enluarada de um riacho cristalino. Você olha e vê a lua refletida na água. Porém, se a água estiver suja, a lua continua refletindo, só que você não consegue vê-la. Essa imagem de Deus que foi deformada pelo pecado e restaurada na redenção alcançará sua plenitude na glorificação.

Em terceiro lugar, *porque o velho homem morreu, o novo homem em Cristo desconhece muros de separação* (3.11). O cristianismo derruba todos os muros de separação. Fritz Rienecker diz que este versículo é uma forte condenação de qualquer tipo de discriminação entre os cristãos.[379] Paulo menciona quatro barreiras que são quebradas em Cristo.

a. Barreiras raciais. Em Cristo não há grego nem judeu. O cristianismo destruiu as barreiras que provêm do nascimento e de nacionalidade. Cristo morreu para comprar com o Seu sangue aqueles que procedem de toda tribo, língua, povo e nação (Ap 5.9). Nações que declaravam guerra umas contra as outras agora se reúnem ao redor da mesa do Senhor.[380]

b. Barreiras religiosas. Em Cristo não há circuncisão nem incircuncisão. As cerimônias e os ritos religiosos que separavam as pessoas agora já não as separam mais.

c. Barreiras culturais. Em Cristo não há bárbaro nem cita. Os gregos consideravam todas as pessoas não gregas como bárbaros, e os citas eram os bárbaros mais atrasados. Eles eram os mais reles dos bárbaros. Ralph Martin, citando Flávio Josefo, historiador judeu, diz que o cita era um tipo estranho de bárbaro, bem baixo na escala social e cultural, pouco melhor do que os animais selvagens.³⁸¹ William Barclay diz que os citas eram os bárbaros mais ignorantes do mundo antigo, enquanto os gregos eram os aristocratas do pensamento. Os povos incultos e os cultos se congregaram na igreja. O homem mais culto tem comunhão com o mais inculto na igreja.

d. Barreiras sociais. Em Cristo não há escravos nem livres. O escravo e o livre participavam da mesma igreja. Na presença de Deus as distinções sociais do mundo carecem de importância, diz William Barclay.³⁸² Concordo com Ralph Martin quando ele diz que todas essas estratificações e hostilidades sociais são removidas na asseveração de que "Cristo é tudo" aquilo de que os homens precisam para entrar num mundo novo, e Ele está "em todos", independentemente da sua condição anterior no mundo antigo.³⁸³

William Hendriksen sintetiza esse ponto de forma esplêndida, como segue:

> A graça atravessa os abismos. Ainda que os gregos dividissem a humanidade em duas categorias, gregos e bárbaros; e ainda que os romanos (depois de conquistar politicamente os gregos, mas de serem conquistados por estes culturalmente) fizessem um contraste similar entre gregos e romanos por uma parte, e os "bárbaros", por outra; e apesar de os judeus não convertidos a Cristo colocassem o grego em contraste com o judeu, a graça não reconhece tais distinções, já que tanto o gentio como o judeu são reconciliados um com o outro mediante sua reconciliação com Deus através da cruz (Ef 2.13).³⁸⁴

Em quarto lugar, *porque o velho homem morreu, Cristo é tudo para nós* (3.11). Silas Alves Falcão diz que Cristo é tudo na Epístola aos Colossenses: 1) Ele é o Filho amado de Deus (1.13); 2) Ele é a imagem do Deus invisível e o

Primogênito de toda a criação (1.15); 3) Ele é o eterno, onipotente criador (1.16); 4) Ele é o cabeça da Igreja (1.18); 5) Ele é o nosso redentor (1.14); 6) Ele é a esperança da glória (1.27); 7) Ele é o detentor de todos os tesouros da sabedoria e do conhecimento (2.3); 8) Ele é a plenitude de Deus (2.9); 9) Ele é tudo em todos (3.11).[385] Cristo é o centro da História, da criação, da salvação, do céu. Cristo é tudo em todos: Cristo é tudo na Bíblia. Cristo é tudo no plano redentor de Deus. Cristo é tudo para a alma redimida. Cristo é tudo na Igreja. Cristo é tudo no porvir. Cristo é tudo na eternidade.

NOTAS DO CAPÍTULO 9

[331] SHEDD, Russell. *Andai nele*, p. 58.
[332] HENDRIKSEN, William. *Colosenses y Filemon*, p. 163.
[333] WIERSBE, Warren. *Comentário bíblico expositivo*, p. 174.
[334] SHEDD, Russell. *Andai nele*, p. 60.
[335] BARCLAY, William. *Filipenses, Colosenses, I y II Tesalonicenses*, p. 159.
[336] RIENECKER, Fritz e ROGERS, Cleon. *Chave lingüística do Novo Testamento Grego*, p. 428.
[337] HENDRIKSEN, William. *Colosenses y Filemon*, p. 164.

338 WIERSBE, Warren W. *Comentário bíblico expositivo*, p. 175.
339 WIERSBE, Warren W. *Comentário bíblico expositivo*, p. 174.
340 SHEDD, Russell. *Andai nele*, p. 60.
341 BARCLAY, William. *Filipenses, Colosenses, I y II Tesalonicenses*, p. 158.
342 WIERSBE, Warren W. *Comentário bíblico expositivo*, p. 175.
343 HENDRIKSEN, William. *Colosenses y Filemon*, p. 166.
344 WILSON, Geoffrey. *Romanos*. São Paulo: Publicações evangélicas selecionadas, 2003, p. 130.
345 RIENECKER, Fritz e ROGERS, Cleon. *Chave lingüística do Novo Testamento Grego*, p. 428.
346 MARTIN, Ralph P. *Colossenses e Filemom*, p. 111.
347 HENDRIKSEN, William. *Colosenses y Filemon*, p. 164.
348 MARTIN, Ralph P. *Colossenses e Filemom*, p. 112.
349 MARTIN, Ralph P. *Colossenses e Filemom*, p. 113.
350 SHEDD, Russell. *Andai nele*, p. 63.
351 WIERSBE, Warren W. *Comentário bíblico expositivo*, p. 176.
352 MARTIN, Ralph P. *Colossenses e Filemom*, p. 114.
353 SHEDD, Russell. *Andai nele*, p. 64.
354 SHEDD, Russell. *Andai nele*, p. 65.
355 RIENECKER, Fritz e ROGERS, Cleon. *Chave lingüística do Novo Testamento Grego*, p. 429.
356 SHEDD, Russell. *Andai nele*, p. 65.
357 MARTIN, Ralph P. *Colossenses e Filemom*, p. 114.
358 WIERSBE, Warren W. *Comentário bíblico expositivo*, p. 176.
359 BARCLAY, William. *Filipenses, Colosenses, I y II Tesalonicenses*, p. 161.
360 WIERSBE, Warren W. *Comentário bíblico expositivo*, p. 176.
361 MARTIN, Ralph P. *Colossenses e Filemom*, p. 114.
362 SHEDD, Russell. *Andai nele*, p. 66.
363 HENDRIKSEN, William. *Colosenses y Filemon*, p. 172.
364 BARCLAY, William. *Filipenses, Colosenses, I y II Tesalonicenses*, p. 162.
365 BARCLAY, William. *Filipenses, Colosenses, I y II Tesalonicenses*, p. 162,163.
366 MARTIN, Ralph P. *Colossenses e Filemom*, p. 115.
367 SHEDD, Russell. *Andai nele*, p. 66,67.
368 HENDRIKSEN, William. *Colosenses y Filemon*, p. 172.
369 SHEDD, Russell. *Andai nele*, p. 68.
370 MARTIN, Ralph P. *Colossenses e Filemom*, p. 116.
371 BARCLAY, William. *Filipenses, Colosenses, I y II Tesalonicenses*, p. 163,164.

[372] SHEDD, Russell. *Andai nele,* p. 68.
[373] MARTIN, Ralph P. *Colossenses e Filemom,* p. 116.
[374] MARTIN, Ralph P. *Colossenses e Filemom,* p. 116.
[375] WIERSBE, Warren W. *Comentário bíblico expositivo,* p. 177.
[376] SHEDD, Russell. *Andai nele,* p. 68,69.
[377] FALCÃO, Silas Alves. *Meditações em Colossenses,* p. 153.
[378] WIERSBE, Warren W. *Comentário bíblico expositivo,* p. 178.
[379] RIENECKER, Fritz e ROGERS, Cleon. *Chave lingüística do Novo Testamento Grego,* p. 430.
[380] BARCLAY, William. *Filipenses, Colosenses, I y II Tesalonicenses,* p. 166.
[381] MARTIN, Ralph P. *Colossenses e Filemom,* p. 119.
[382] BARCLAY, William. *Filipenses, Colosenses, I y II Tesalonicenses,* p. 167.
[383] MARTIN, Ralph P. *Colossenses e Filemom.* 1984, p. 119.
[384] HENDRIKSEN, William. *Colosenses y Filemon,* p. 179.
[385] FALCÃO, Silas Alves. *Meditações em Colossenses,* p. 159.

Capítulo 10

Evidências da verdadeira santificação
(Cl 3.12-17)

No capítulo anterior abordamos as evidências da verdadeira conversão. Neste capítulo analisamos as evidências da verdadeira santificação. A conversão precede a santificação, a qual segue inevitavelmente àquela.

A vida cristã é marcada por um lado negativo e outro positivo. É um constante despojar-se de um lado e um revestir-se do outro. Se por um lado devemos fazer morrer a nossa natureza terrena, por outro devemos buscar as coisas lá do alto.

Paulo acabara de ordenar aos cristãos a despojar-se e despir-se das mortalhas do velho homem (3.8,9); agora, ordena-os a revestir-se das roupagens do novo homem (3.12). "Revesti-vos", eis o mandamento! O verbo está no imperativo aoristo, mostrando que, de uma vez e para sempre, os cristãos deviam tomar como vestimenta as virtudes cristãs. O novo homem precisa exibir vestes novas, as vestes dos filhos do Rei.[386]

William Hendriksen diz que a presente seção é insuperável pela beleza de seu estilo e pelo chamado direto ao coração. O mesmo se pode dizer de seu valor prático.[387]

A ênfase neste parágrafo concentra-se na motivação. Por que deveríamos tirar os trapos da velha vida e vestir-nos das roupagens do novo homem? Paulo expõe três motivos que devem encorajar-nos a andar em novidade de vida.

A santificação está fundamentada nas bênçãos singulares já recebidas de Deus (3.12,13)

Antes de dizer o que devemos fazer para Deus, Paulo relembra o que Deus fez por nós. Vida cristã não é algo que construímos pelos nossos méritos e esforços, mas o resultado daquilo que Deus fez por nós em Cristo Jesus. Paulo menciona quatro grandes verdades, que passamos a destacar.

Em primeiro lugar, *o povo de Deus foi escolhido na eternidade* (3.12a). O apóstolo Paulo ordena: "Revesti-vos, pois, como eleitos de Deus". A eleição divina é eterna (2Tm 1.9). Ela é realizada em Cristo (Ef 1.4) e para a salvação (Rm 8.30). Não fomos nós que escolhemos a Deus, mas foi Ele quem nos escolheu (Jo 15.16). A eleição divina não se baseia em mérito humano, mas na graça divina (Dt 7.7,8). Deus não nos escolheu por causa de quem somos ou fazemos, mas apesar disso (Rm 5.8). Deus nos escolheu por Seu propósito soberano e eterno (2Tm 1.9). Ele nos escolheu não porque previu que iríamos crer, mas nós cremos porque fomos eleitos (At 13.48). Ele nos escolheu não porque praticávamos boas obras, mas para fazermos boas obras (Ef 2.10). Ele nos escolheu não porque éramos santos, mas para sermos santos (Ef 1.4). Ele nos escolheu não porque éramos obedientes, mas para a obediência (1Pe 1.2). Fomos eleitos mediante a santificação do Espírito e a fé na verdade (2Ts 2.13).

Concordo com William Hendriksen quando ele diz que a eleição afeta a vida em todas as suas fases, pois não é algo abstrato. Mesmo que pertença ao decreto de Deus desde a eternidade, chega a ser uma força dinâmica no coração e na vida dos filhos de Deus. Ela produz frutos.[388]

Em segundo lugar, *o povo de Deus foi separado como Sua propriedade exclusiva* (3.12b). Nós fomos eleitos para a santidade. E ser santo é ser separado do mundo para Deus. Agora, tirados do mundo mesmo estando geograficamente no mundo, somos propriedade exclusiva de Deus (1Pe 2.9). Fomos comprados por um alto preço e agora não somos mais de nós mesmos (1Co 6.19,20). Bruce Barton diz corretamente que somos feitos santos aos olhos de Deus por causa do sacrifício de Cristo na cruz, ainda que a santidade seja um alvo progressivo da salvação.[389]

Warren Wiersbe afirma que, assim como a cerimônia de casamento separa um homem e uma mulher um para o outro de modo exclusivo, a salvação separa o cristão exclusivamente para Jesus Cristo.[390] E, da mesma forma que seria escandaloso ver uma mulher casada ou um homem casado correr para os braços de outra pessoa, também é um escândalo um cristão viver para o mundo ou para agradar a carne.

Em terceiro lugar, *o povo de Deus foi profundamente amado* (3.12c). Antes da nossa conversão, estávamos sem esperança e sem Deus no mundo (Ef 2.12). Estávamos perdidos e mortos em nossos delitos e pecados. Éramos escravos do diabo, do mundo e da carne (Ef 2.1-3). Estávamos, ainda, debaixo da ira de Deus (Ef 2.3). Mas agora somos não apenas propriedade exclusiva de Deus, mas amados de Deus. Somos a herança de Deus, o Seu tesouro particular, a menina dos Seus olhos, o Seu prazer. Seu amor por nós é eterno. Suas misericórdias não têm fim. Seu amor é revelado a nós pela obra da criação, da providência e da redenção.

Em quarto lugar, *o povo de Deus foi completamente perdoado* (3.13b). Deus não apenas nos escolheu, nos santificou e nos amou, mas também nos perdoou, cancelando toda a nossa dívida. Agora, estamos quites com a lei de Deus e com Sua justiça. O perdão de Deus é completo e final. Trata-se de um perdão que abrange todos os nossos pecados do passado, presente e futuro. Na verdade, não há mais nenhuma condenação para aqueles que estão em Cristo Jesus (Rm 8.1). Nenhuma acusação pode prosperar contra nós, pois o Deus que nos ama já nos perdoou e nos declarou justos!

A santificação é um contínuo uso das vestimentas espirituais providenciadas por Deus (3.12-14)

Paulo deixa de falar daquilo que Deus fez por nós para tratar daquilo que devemos fazer uns aos outros. Agora pertencemos à família de Deus e devemos viver nela de modo digno de Deus. O cristianismo é mais do que a mera aceitação de doutrinas ortodoxas; é também um relacionamento correto com Deus e uns com os outros.

William Barclay diz que cristianismo é comunidade.[391] Em contraste com os vícios listados no capítulo anterior (pecados sexuais, sociais e da língua), Paulo oferece agora uma lista de virtudes que devem ornar a vida do cristão.[392] Vamos considerar essas indumentárias que devem fazer parte da nossa vida.

Em primeiro lugar, *ternos afetos de misericórdia* (3.12). Paulo traça um contraste entre a vida antes da conversão, marcada por ira, indignação, maldade, maledicência, obscenidade e mentira (3.8,9), e a nova vida caracterizada por "ternos afetos de misericórdia" (3.12). Ser misericordioso é lançar o coração na miséria do outro. É uma genuína simpatia pelas necessidades dos outros. O cristão deve ter um coração compassivo.

No original, *splanchna oiktirmou* quer dizer entranhas compassivas. A expressão "ternos afetos" pode ser traduzida literalmente por "órgãos internos", do grego *splanchna*. No pensamento antigo, as vísceras eram consideradas a sede da vida emocional. A segunda palavra, *oiktirmos,* significa a expressão externa de profundo sentimento na preocupação e ação compassivas. Sendo assim, o termo composto transmite o senso de uma compaixão profundamente sentida que se estende aos necessitados.[393]

No mundo antigo, os aleijados e os enfermos eram simplesmente eliminados. Não havia provisões sociais para os idosos. O tratamento destinado aos doentes mentais era desumano. As crianças não tinham nenhum direito.[394] A misericórdia é uma dádiva do cristianismo. Russell Shedd alerta para o fato de que a violência, que atrai tanta atenção na literatura, televisão, revistas e grande parte dos meios de entretenimento, tende a criar sentimentos opostos, imunidade e indiferença emocional frente à miséria e sofrimento terríveis de que há tantas vítimas no mundo.[395]

O povo de Deus deve vestir-se com a indumentária da misericórdia. Esses afetos de misericórdia podem ser vistos na atitude de José do Egito com seus irmãos (Gn 45.1-4). Em vez de vingar-se deles, José lhes ministrou amor e bondade. Também pode ser ilustrado pela atitude do samaritano que se compadeceu do homem ferido à beira do caminho, pensando suas feridas e restaurando sua vida.

A vida de Jesus foi motivada pela compaixão (Mt 9.36). Ele chorou ante o sofrimento que afligiu seus amigos em Betânia (Jo 11.35). Compadeceu-se da viúva que estava indo sepultar seu único filho (Lc 7.13). Ele é o grande sumo sacerdote que se compadece de nós (Hb 4.14-16). Silas Falcão está correto ao dizer que o cristão, quanto mais perto de Jesus estiver, tanto mais será cheio de sua compaixão pelos homens.[396]

Em segundo lugar, *bondade* (3.12). Bondade é exatamente o oposto da malícia ou maldade mencionada no versículo 8. Os antigos escritores definiam a bondade como a virtude do homem para quem o bem do seu próximo é tão caro como o seu próprio.[397] Ser bom é ser benevolente para os outros como Deus tem sido para nós. A bondade toma a iniciativa em responder generosamente às necessidades dos outros.[398]

A palavra grega *chrestoteta* é a bondade expressa em atitudes e atos. Denota o espírito amigável e ajudador que procura suprir as necessidades dos outros mediante atos generosos.[399] Barnabé é chamado de homem bom. Ele estava sempre investindo na vida das pessoas. Investiu na vida de Paulo, dos cristãos pobres de Jerusalém, e mais tarde na vida de João Marcos (At 4.36,37; 15.37).

William Barclay, citando Flávio Josefo, historiador judeu, aplicou essa mesma palavra para descrever Isaque, o homem que cavava poços e os entregava aos seus contendores, porque não queria litigar com eles (Gn 26.17-25). A palavra também era usada para o vinho que com os anos suavizava e perdia a aspereza.[400]

Em terceiro lugar, *humildade* (3.12). A palavra grega *tapeinofrosynen*, "humildade", é uma virtude criada e introduzida no mundo pelo cristianismo.[401] A humildade não era considerada uma virtude, mas uma fraqueza.[402] Era tratada com desdém e não incentivada como virtude.

Bruce Barton diz que ser humilde é ter uma autoestima adequada, que nem se exalta com orgulho nem se autodeprecia. Trata-se de uma correta compreensão de si mesmo diante de Deus, de si mesmo e dos homens.[403] Ralph Martin diz que a verdadeira humildade é o antídoto ao amor-próprio que envenena os relacionamentos entre os irmãos.[404]

Ser humilde é não ter um elevado conceito de si mesmo (Rm 12.3). O centurião romano disse para Jesus: "Não sou digno de que entres em minha casa" (Lc 7.6). Uma pessoa humilde está pronta a reconhecer o valor dos outros e a reconhecer seus próprios erros. Humildade é honrar os outros mais do que a si mesmo (Fp 2.3,4). Uma pessoa humilde é aquela que reconhece seus erros e está pronta a aceitar admoestação. O publicano humildemente orou: "Senhor, sê propício a mim, pecador" (Lc 18.13).

Em quarto lugar, *mansidão* (3.12). Mansidão não é fraqueza, mas poder sob controle. Os homens mais vigorosos foram mansos. Moisés, o líder de punhos de aço, que tirou o povo de Israel do poderoso império egípcio, é considerado o homem mais manso da terra (Nm 12.3). Jesus, o homem perfeito, foi manso e humilde de coração (Mt 11.29).

A mansidão é uma disposição de ceder os direitos. É a pessoa que está pronta a sofrer danos em vez de causar danos, diz William Hendriksen.[405] Na mesma linha, Ralph Martin afirma que mansidão é uma disposição para abrir mão de um direito indubitável.[406]

A palavra grega *prauthes* indica uma submissão obediente a Deus e à Sua vontade, com uma fé não vacilante e uma paciência constante que se manifestam em atos gentis e em uma atitude benevolente para com as outras pessoas. É a qualidade de manter os poderes da personalidade sujeitos à vontade de Deus, mediante o poder do Espírito Santo.[407] Uma pessoa mansa conserva o domínio próprio porque é guiada por Deus. Tem ao mesmo tempo a energia e a suavidade da verdadeira gentileza.[408] A Bíblia diz: quem é tardio em irar-se vale mais do que o valente; e quem domina a sua alma vale do que quem toma uma cidade (Pv 16.32).

Warren Wiersbe, nessa mesma linha de pensamento, diz que "mansidão" era uma palavra usada para descrever o vento que abrandava o calor, o remédio que curava ou um potro domado. Todos esses casos implicam poder: o vento pode transformar-se em tempestade; uma superdose de remédio pode ser mortal; um cavalo pode soltar-se e fugir. Mas esse poder está sob controle. A pessoa mansa não precisa perder as estribeiras, pois tem tudo sob controle.[409]

Em quinto lugar, *longanimidade* (3.12). A palavra grega *macrothymia* significa o espírito que jamais perde a paciência com o próximo.[410] Essa palavra é específica para falar sobre a paciência com pessoas. Longanimidade é paciência estendida ao máximo. É suportar as ofensas sem retaliar. É sofrer os maus-tratos sem amargurar a alma.

Crisóstomo, o mais eloqüente pregador dentre os pais da Igreja, definiu *macrothymia* como o espírito que poderia vingar-se caso quisesse, mas por fim se recusava a fazê-lo. Lightfoot a explicou como o espírito que nunca retalia. Fritz Rienecker diz que *macrothymia* denota a mente que se controla durante um longo tempo antes de agir. Indica a longanimidade em sofrer injustiças ou passar por situações desagradáveis, sem vingança ou retaliação, mas com a visão ou esperança de um alvo final.[411]

William Barclay declara que essa virtude cristã estava em oposição à virtude grega. A grande virtude grega era *megalopsychia*, que Aristóteles definiu como a renúncia a tolerar qualquer insulto ou injúria. Para o grego, ser grande era vingar-se. Para o cristão, ser grande é renunciar à vingança.[412]

Em sexto lugar, *suporte fraternal* (3.13a). Não significa agüentar estoicamente o outro, mas servir para ele de escora, de suporte, levando com prazer a sua carga. Suportar não é simplesmente tolerar, mas amparar o fraco para que ele se levante.

Silas Falcão diz corretamente que, em uma igreja espiritual, os cristãos mais fracos e débeis na fé se tornam fortes; os tristes são consolados, e os que enfrentam problemas e lutas são fortalecidos.[413] O apóstolo Paulo registra: "Nós que somos fortes devemos suportar as debilidades dos fracos e não agradar a nós mesmos" (Rm 15.1). Conta-se que uma menina chinesa estava levando às costas um pequeno de dois anos de idade, quando alguém, compadecido ao vê-la vergada com o peso da carga, perguntou-lhe: "Não acha que é pesado, menina?" A resposta da criança foi admirável: "Não, senhor. Não pesa; é meu irmão".[414]

Em sétimo lugar, *perdão* (3.13b). Não basta apenas deixar de retaliar, é preciso perdoar. Devemos perdoar, porque fomos perdoados. Devemos perdoar como fomos perdoados. Esse perdão deve ser recíproco, completo e restaurador, como o perdão de Deus. Destacamos quatro verdades importantes sobre o perdão:

a. Devemos perdoar porque fomos perdoados. A igreja é a comunidade dos perdoados. Aqueles que são receptáculos do perdão devem ser também canais do perdão. O perdão que recebemos de Deus é sempre maior do que aquele que concedemos ao próximo. Na parábola do credor incompassivo, a proporção é de dez mil talentos para cem denários. Dez mil talentos são mil vezes mais do que cem denários. Jamais podemos sonegar perdão aos que nos ofendem, pois o perdão que recebemos de Deus é sempre maior do que o perdão que conseguimos oferecer.

b. Devemos perdoar porque temos queixas uns dos outros. As pessoas nos decepcionam, e nós decepcionamos as pessoas. Ferimos as pessoas, e elas nos ferem. Mais pessoas sofrem por causa de outras pessoas que por causa de circunstâncias. Nós temos queixas uns dos outros, por isso o perdão é uma necessidade vital. Quem não perdoa não pode adorar, ofertar ou mesmo ser perdoado. Quem não perdoa adoece física e espiritualmente. Quem não perdoa é entregue aos flageladores e verdugos da consciência. O perdão é a assepsia da alma, a faxina da mente, a cura das memórias amargas.

c. Devemos perdoar assim como Deus em Cristo nos perdoou. Deus nos perdoa completamente e esquece os nossos pecados. Ele lança as nossas transgressões nas profundezas do mar e as desfaz como a névoa. Assim também devemos perdoar. Obviamente, quando a Bíblia diz que Deus perdoa e esquece, ela não está dizendo que Deus tem amnésia. Deus se lembra de tudo e de todos. Quando a Bíblia diz que Deus perdoa e esquece, isso significa que Ele não lança em nosso rosto aquilo que Ele mesmo já perdoou. Ele não cobra novamente essa dívida. É assim que devemos perdoar. Perdoar é zerar a conta. É lembrar sem sentir dor.

d. Devemos perdoar reciprocamente. O perdão não é unilateral, mas bilateral. Devemos perdoar-nos uns aos outros. Quem ofendeu deve pedir perdão, e quem foi ofendido deve perdoar. Mesmo que o ofensor reincida no seu erro várias vezes a ponto de precisar vir sete vezes durante o dia pedir perdão, devemos perdoá-lo. O perdão recíproco não tem limites. Devemos perdoar até setenta vezes sete!

Concordo com C. S. Lewis quando ele diz que é mais fácil falar de perdão do que perdoar. Não é difícil pregar ou escrever sobre perdão; o desafio é perdoar aqueles que nos ferem. A dor mais cruel que já senti foi quando meu irmão foi assassinado. A dor foi tão avassaladora que perdi a voz ao receber a notícia. Porém, quando recobrei as forças, a primeira palavra que Deus colocou nos meus lábios foram essas: "Eu perdôo o assassino". Na verdade, eu não tinha outra opção. Perdoava ou adoecia. Perdoava ou minha vida se transformaria num inferno. O perdão é uma necessidade vital e até mesmo uma questão de bom senso. Quem não perdoa torna-se cativo do seu desafeto. Se você nutrir mágoa no coração por alguém, essa pessoa manterá você no cativeiro do ódio. Você acabará convivendo diariamente com ela. Você se assentará para tomar uma refeição, e essa pessoa tirará seu apetite. Você tentará descansar depois de um dia de trabalho exaustivo, e essa pessoa fará seu sono tornar-se seu pesadelo. Você sairá de férias com sua família, e essa pessoa pegará carona com você para estragar suas férias e azedar sua alma. Perdoar é ficar livre e deixar a outra pessoa livre!

Em oitavo lugar, *amor* (3.14). O apóstolo Paulo orienta: "Acima de tudo isto, porém, esteja o amor, que é o vínculo da perfeição". "Acima de tudo isto" pode transmitir o pensamento de "por cima de todas as demais roupas" a serem vestidas.[415] Warren Wiersbe diz que esta é a mais importante das virtudes cristãs e age como um "cinto" que mantém unidas as outras virtudes.[416] As outras virtudes podem existir sem o amor, mas o amor não pode existir sem as outras virtudes. É o amor que coloca todas as outras virtudes juntas. O amor é cinturão que prende as outras peças do vestuário moral.

William Hendriksen diz que o amor é o lubrificante que permite que as outras virtudes funcionem suavemente. O amor é a graça que liga todas as outras graças.[417] O amor é o mais importante aspecto da vida do cristão. O amor é a evidência cabal do discipulado. O amor é a apologética final.

O que é a ortodoxia sem amor? Legalismo frio e repulsivo! O que é a santidade sem amor? Farisaísmo reprovado por Jesus! O que é a beneficência sem amor? Exibicionismo egoísta! O que é o culto sem amor? Formalismo abominável aos olhos de Deus! O que é a pregação sem amor? Apenas um discurso vazio![418]

William Barclay chega a dizer que o *ágape*, o amor cristão, é impossível para o não cristão. Nenhum homem pode praticar a ética cristã até ser um cristão.[419] Esse amor começa no lar (Ef 5.25,28,33), deve ser percebido no meio da igreja (1Pe 2.17), alcança o próximo (Mt 19.19; 22.39) e atinge até mesmo os nossos inimigos (Lc 6.27).

Em nono lugar, *gratidão* (3.15). A gratidão é a rainha das virtudes. O povo de Deus precisa despojar-se de toda amargura e murmuração e encher a alma de profunda gratidão por tudo quanto Deus fez em seu favor. A palavra grega *eucharistos* indica a obrigação de ser grato a alguém por causa de um favor obtido. A gratidão surge da graça de Deus e do que Ele tem feito.[420]

A santificação é possível mediante o uso dos poderosos recursos ordenados por Deus (3.15-17)

O apóstolo Paulo menciona três poderosos recursos de Deus para nos conduzir à santificação.

Em primeiro lugar, *a paz de Cristo* (3.15). William Hendriksen diz que esta paz é a condição de descanso e contentamento no coração daqueles que sabem que seu Redentor vive. É a convicção de que os pecados passados já foram perdoados, de que o presente está sendo dirigido para o nosso bem e de que o futuro jamais poderá ameaçar-nos ou afastar-nos de Cristo.[421]

Ralph Martin afirma que o reinado dessa paz ressalta ainda mais a necessidade de ter uma comunidade cristã convivendo em união e tolerância. O chamado aqui é para não permitir que nenhum espírito estranho se infiltre nos relacionamentos dos membros da igreja, destruindo a paz.[422]

Essa paz "é a paz de Cristo" porque foi Ele quem nos deu (Jo 14.27). Essa paz não é paz de cemitério. Não é calmaria nem ausência de lutas. Essa paz nem mesmo é a presença de coisas boas. Essa paz é uma Pessoa. Essa paz é Jesus! Cristo é a nossa paz (Ef 2.14).

Essa paz não é apenas interna; é também uma paz que reverbera nos relacionamentos. Quando temos a paz de Cristo, também temos paz uns com os outros, uma vez que fomos chamados em um só corpo (3.15b). Não podemos ter a paz de Cristo no coração e ao mesmo tempo estar em guerra com os nossos irmãos. Não podemos ter uma relação verticalmente correta com Deus sem estar também com nossas relações horizontais acertadas. A harmonia da igreja é a expressa vontade de Deus para o Seu povo, diz Ralph Martin.[423]

A paz de Cristo é o árbitro em nosso coração. O termo grego *brabeuto*, traduzido por "árbitro", faz parte do vocabulário esportivo e refere-se "àquele que preside o jogo e distribui os prêmios".[424] Quando cometemos uma falta, o árbitro pára o jogo e somos impedidos de continuá-lo. Quando transgredimos as regras, somos desqualificados para o jogo. O caminho para vivermos retamente é designar a Jesus Cristo como o árbitro das nossas emoções. Quando transgredimos, Ele levanta o cartão amarelo ou vermelho e nos adverte. Quando a paz de Cristo vai embora do nosso coração, podemos saber que alguma coisa está errada em nossa vida. Quem obedece à vontade de Deus, tem paz interior, mas, ao sair de Sua vontade, perde essa paz. Assim, sempre que houver um conflito de motivos, a paz de Cristo tem de entrar e decidir o que deve prevalecer.[425]

Obviamente precisamos ter cuidado com o perigo da falsa paz no coração. O profeta Jonas deliberadamente desobedeceu a Deus e refugiou-se no sono da fuga no porão de um navio surrado pela tempestade. Jonas tinha uma falsa paz.

Quando temos paz no coração, temos gratidão nos lábios: Paulo ordenou: "e sede agradecidos" (3.15b). É impossível ver um cristão fora da vontade de Deus louvando sinceramente ao Senhor. Quando o rei Davi encobriu seus pecados, perdeu a paz e a capacidade de louvar (Sl 32 e 51). Quando ele confessou o seu pecado, voltou a entoar os cânticos de louvor.[426]

Em segundo lugar, *a Palavra de Cristo* (3.16). Os falsos mestres estavam tentando introduzir na igreja os falsos ensinos do gnosticismo, do legalismo, do misticismo e do ascetismo. Estavam tentando harmonizar a Palavra de Deus com seus ensinos heréticos. Para eles, a Palavra não era suficiente. Paulo, então, determina: "Habite ricamente em vós a Palavra de Cristo". Essa ordenança é a mesma de Efésios 3.17: "E, assim, habite Cristo nos vossos corações". Vamos destacar alguns aspectos:

a. Ser cheio da Palavra é um mandamento absoluto para todo o povo de Deus (3.16). A palavra grega *enoikeito*, "habite", está no imperativo. Trata-se de uma ordem. Não ser um cristão cheio da Palavra equivale a desobedecer a um mandamento apostólico. A Palavra deve habitar ricamente, e não pobremente, em nosso coração. O analfabetismo bíblico hoje é assustador. Os púlpitos estão ficando vazios da Palavra.

b. Ser cheio da Palavra significa ser governado por ela (3.16). A palavra "habitar" traz a idéia de habitar como o dono da casa, e não como um inquilino. Significa sentir-se à vontade em casa. Trata-se do morador que possui todas as chaves da casa e tem liberdade de ocupar todos os cômodos. Sendo assim, o que Paulo ordena é: "Que more em vós, não como hóspede que passa um dia ou dois ali, mas como um habitante da casa que jamais sai dela".[427]

c. Ser cheio da Palavra promove conhecimento bíblico (3.16). A Igreja é uma agência de ensino da Palavra. Os cristãos devem ser cheios da Palavra não para reterem todo esse conhecimento para si, mas para transmiti-lo aos outros. Devemos instruir uns aos outros.

d. Ser cheio da Palavra desemboca em aconselhamento (3.16). A igreja deve ser uma comunidade terapêutica.

Os cristãos devem aconselhar uns aos outros em toda a sabedoria. Devem estar capacitados para esse trabalho do aconselhamento bíblico (Rm 15.14). O abandono desse princípio bíblico tem levado muitas igrejas a desviar-se para o engano de que o aconselhamento bíblico é insuficiente e ineficaz. É por causa desse fracasso da igreja que vemos tantos cristãos doentes emocionalmente e tantos outros buscando ajuda nas cisternas rotas das psicologias humanistas. John MacArthur Jr. faz o seguinte alerta:

> A igreja está, por assim dizer, ingerindo doses maciças do dogma da psicologia, adotando a "sabedoria" secular e tentando santificá-la, chamando-a de cristã. Os valores mais fundamentais do evangelicalismo, portanto, estão sendo redefinidos. "Saúde mental e emocional" é a nova moda. Não se trata de um conceito bíblico, embora muitos pareçam equalizá-lo com a integridade espiritual. O pecado recebe o nome de doença, de forma que as pessoas acham que precisam de terapia, e não de arrependimento. O pecado habitual recebe o nome de vício ou de comportamento compulsivo, e muitos presumem que a solução está no cuidado médico, e não na correção moral.[428]

e. Ser cheio da Palavra deságua em música de adoração a Deus (3.16). A vida transformada por Cristo e orientada por Sua Palavra expressa sua felicidade e gratidão através de salmos, hinos e cânticos espirituais. O cristão deve cantar porque o cântico é o transbordamento da felicidade da alma remida. O evangelho produz alegria de viver. O cristão espiritual canta porque tem alegria de sua salvação.[429]

William Hendriksen diz que uma breve investigação mostra rapidamente que não é fácil fazer uma distinção clara entre *salmos, hinos* e *cânticos espirituais*. É natural, porém, que ao pensar em "salmos" nos venha à mente o saltério do Antigo Testamento. A palavra "hinos" só aparece neste texto e em Efésios 5.19. Agostinho diz que um hino deve ter as seguintes características: deve ser cantado; deve ser em louvor; deve ser dirigido a Deus. Já "cânticos espirituais", *odais pneumatikais,* no sentido de um poema cantado, não só aparece aqui e em Efésios 5.19 como também em Apocalipse 5.9; 14.3 e 15.3. Trata-se necessariamente de uma canção sagrada.[430]

Há uma inter-relação entre Bíblia e música na igreja. A pobreza do conhecimento da Palavra reflete no imenso número de músicas evangélicas pobres e vazias de conteúdo bíblico. Os compositores evangélicos precisam ser cheios da Palavra, pois música é teologia cantada.

A passagem de Sl 40.3 é oportuna nessa reflexão: "E me pôs nos lábios um novo cântico, um hino de louvor ao nosso Deus; muitos verão essas coisas, temerão e confiarão no Senhor". Este texto mostra-nos que a música tem uma origem. É o Senhor quem nos coloca nos lábios um novo cântico. Essa música vem de Deus; ela procede do céu. Também a música cantada na igreja tem uma natureza distinta; ela é um novo cântico. Não é novo apenas de edição, mas novo em natureza. A música tem um propósito. Ela deve ser um hino de louvor ao nosso Deus. Essa música vem de Deus e volta para Deus. Ela não é composta nem cantada para entreter os ouvintes, menos ainda para agradar os gostos e preferências do compositor ou do auditório. A música é um hino de louvor a Deus ou, então, não passa de barulho aos ouvidos de Deus. Finalmente, essa música tem um resultado. Muitas pessoas verão essas coisas, temerão e confiarão no Senhor. A música tem um profundo impacto evangelístico. Ela é um instrumento poderoso nas mãos de Deus para quebrantar os corações e atraí-los para a verdade de Deus. A música vocalizada deve ser acompanhada pela música do coração, diz Russell Shedd.[431] Quando cantamos apenas pela arte de cantar, a adoração se transforma em ritualismo, e não em realidade.

Em terceiro lugar, *o nome de Cristo* (3.17). O cristão deve viver pelo poder do nome de Cristo e para a glória de Deus. Nossas palavras e ações devem ser realizadas em nome de Cristo. Silas Falcão diz acertadamente que não deve haver na vida do cristão contradição entre suas palavras e ações, entre seu comportamento na igreja e na sociedade em que vive. A vida toda é sagrada. Tudo o que o cristão falar e disser deverá ser digno do seu Senhor e Salvador. Cristo é preeminente em seu viver, e por isso, o cristianismo que ele vive é integral. Todas as coisas são sagradas para ele, visto que ele pode fazer tudo em nome de Jesus Cristo.[432]

Concordo com Ralph Martin quando ele diz que a totalidade da vida do cristão fica debaixo do nome de Jesus.[433] Devemos interpretar a expressão "em nome do Senhor Jesus" como o elemento ou a esfera do agir. Nada indigno de Cristo pode ser feito, nada inepto deve ser dito em associação íntima com Ele, mas tudo deve ser feito de tal maneira que a santa presença e caráter de Cristo não sejam ofendidos.[434]

Quando fazemos algo por meio de palavras ou ações em nome de Cristo, estamos com isto reconhecendo Sua autoridade. Quando o presidente assina um documento, aquele documento tem sua autoridade. O nome de um presidente num decreto o transforma em lei. Quando você assina um cheque, o banco reconhece a sua autoridade e paga o valor devido. É por causa do nome de Cristo que temos a autoridade de orar (Jo 14.13,14; 16.23-26).[435]

Notas do capítulo 10

386 FALCÃO, Silas Alves. *Meditações em Colossenses*, p. 167.
387 HENDRIKSEN, William. *Colosenses y Filemon*, p. 181.
388 HENDRIKSEN, William. *Colosenses y Filemon*, p. 181.
389 BARTON, Bruce B. et al. *Life application bible commentary on Philippians, Colossians and Philemon*, p. 214.
390 WIERSBE, Warren W. *Comentário bíblico expositivo*, p. 180.
391 BARCLAY, William. *Filipenses, Colosenses, I y II Tesalonicenses*, p. 168.
392 BARTON, Bruce B. et al. *Life application bible commentary on Philippians, Colossians and Philemon*, p. 215.
393 MARTIN, Ralph P. *Colossenses e Filemom*. 1984, p. 121.
394 BARCLAY, William. *Filipenses, Colosenses, I y II Tesalonicenses*, p. 168.
395 SHEDD, Russell. *Andai nele*. São Paulo: ABU, 1979, p. 71,72.
396 FALCÃO, Silas Alves. *Meditações em Colossenses*, p. 170.
397 BARCLAY, William. *Filipenses, Colosenses, I y II Tesalonicenses*, p. 168.
398 BARTON, Bruce B. et al. *Life application bible commentary on Philippians, Colossians and Philemon*, p. 215.
399 RIENECKER, Fritz e ROGERS, Cleon. *Chave lingüística do Novo Testamento Grego*, p. 430.
400 BARCLAY, William. *Filipenses, Colosenses, I y II Tesalonicenses*, p. 168.
401 BARCLAY, William. *Filipenses, Colosenses, I y II Tesalonicenses*, p. 168.
402 HENDRIKSEN, William. *Colosenses y Filemon*, p. 183.
403 BARTON, Bruce B. et al. *Life application bible commentary on Philippians, Colossians and Philemon*, p. 216.
404 MARTIN, Ralph P. *Colossenses e Filemom*, p.122.
405 HENDRIKSEN, William. *Colosenses y Filemon*, p. 183.
406 MARTIN, Ralph P. *Colossenses e Filemom*, p. 122.
407 RIENECKER, Fritz e ROGERS, Cleon. *Chave lingüística do Novo Testamento Grego*, p. 430.
408 BARCLAY, William. *Filipenses, Colosenses, I y II Tesalonicenses*, p. 169.
409 WIERSBE, Warren W. *Comentário bíblico expositivo*, p. 181.
410 BARCLAY, William. *Filipenses, Colosenses, I y II Tesalonicenses*, p. 169.

[411] RIENECKER, Fritz e ROGERS, Cleon. *Chave lingüística do Novo Testamento Grego*, p. 430.
[412] BARCLAY, William. *Palabras griegas del Nuevo Testamento*. El Paso, TX: Casa Bautista de Publicaciones, 1977, p. 150.
[413] FALCÃO, Silas Alves. *Meditações em Colossenses*, p. 173.
[414] FALCÃO, Silas Alves. *Meditações em Colossenses*, p. 174.
[415] MARTIN, Ralph P. *Colossenses e Filemom*, p. 123.
[416] WIERSBE, Warren W. *Comentário bíblico expositivo*, p. 181.
[417] HENDRIKSEN, William. *Colosenses y Filemon*, p. 185.
[418] FALCÃO, Silas Alves. *Meditações em Colossenses*, p. 179,180.
[419] BARCLAY, William. *Palabras griegas del Nuevo Testamento*, p. 18.
[420] RIENECKER, Fritz e ROGERS, Cleon. *Chave lingüística do Novo Testamento Grego*, p. 430,431.
[421] HENDRIKSEN, William. *Colosenses y Filemon*, p. 185.
[422] MARTIN, Ralph P. *Colossenses e Filemom*, p. 124.
[423] MARTIN, Ralph P. *Colossenses e Filemom*, p. 124.
[424] WIERSBE, Warren W. *Comentário bíblico expositivo*, p. 182.
[425] ROVEY, Alvah. *Comentário expositivo sobre el Nuevo Testamento: 1Coríntios – 2Tesalonicenses*. El Paso, TX: Casa Bautista de Publicaciones, s/d, p. 441.
[426] WIERSBE, Warren W. *Comentário bíblico expositivo*, p. 182.
[427] BONNET, L. e SCHROEDER, A. *Comentario del Nuevo Testamento*, p. 607.
[428] MACARTHUR Jr., John. *Nossa suficiência em Cristo*. São Paulo: Fiel. 2007, p. 60,61.
[429] FALCÃO, Silas Alves. *Meditações em Colossenses*, p. 189.
[430] HENDRIKSEN, William. *Colosenses y Filemon*, p. 189.
[431] SHEDD, Russell. *Andai nele*, p. 76.
[432] FALCÃO, Silas Alves. *Meditações em Colossenses*, p. 190.
[433] MARTIN, Ralph P. *Colossenses e Filemom*, p. 128.
[434] ROVEY, Alvah. *Comentário expositivo sobre el Nuevo Testamento: 1Corintios-2Tesalonicenses*, s/d, p. 442.
[435] WIERSBE, Warren W. *Comentário bíblico expositivo*, p. 184.

Capítulo 11

Relações humanas na família e no trabalho
(Cl 3.18–4.1)

WARREN WIERSBE diz que a fé em Cristo muda não apenas indivíduos, mas também famílias.[436] Quem não é cristão verdadeiro no lar, dificilmente o será em outra parte.[437] Não teremos igrejas santas nem uma sociedade justa se não tivermos lares bem estruturados. Neste texto, Paulo fala das relações humanas na família e no trabalho. Não é a primeira vez que esse tema é abordado no Novo Testamento. Ele é um tema recorrente (Ef 5.22–6.9; 1Tm 2.8-15; 6.1,2; Tt 2.1-10; 1Pe 2.12.3.7).

Os relacionamentos familiares passam por grande crise em nossos dias. O índice de separação conjugal já chega aos 50% em alguns países. Mais da metade das mães trabalha fora de casa, mesmo na fase das crianças pequenas. A média das crianças de 6 aos 16 anos assiste de 20 a 25 horas de televisão por semana e está grandemente influenciada por aquilo a que assiste.[438] O uso de contraceptivos e preservativos, incentivados por uma ética relativa, empurrou os adolescentes e jovens para uma vida sexualmente promíscua. O sexo está cada vez mais fácil e o casamento cada vez mais frágil. A família está em crise.

A sociedade é um espelho da família. Assim como está a família, está a igreja e a sociedade. Veremos doravante uma análise dos princípios de Deus que devem reger os relacionamentos na família e no trabalho. Esses princípios podem ser esquecidos, rejeitados e até odiados, mas jamais destruídos, pois são os princípios de Deus para uma sociedade saudável e justa.

Os princípios gerais que regem os relacionamentos na família e no trabalho

Há cinco princípios que regem os relacionamentos na família e no trabalho, e que vamos aqui destacar. Os três primeiros são sugeridos por William Hendriksen[439] e os dois últimos por William Barclay.[440]

Em primeiro lugar, *Cristo concede-nos um novo poder*. As outras filosofias morais são como trens sem locomotiva, mas o cristianismo é o motor que nos impulsiona e nos capacita a viver de acordo com os princípios estabelecidos por Deus. Cristo dá uma ordem e dá poder para que essa ordem seja cumprida. Esposas e maridos, filhos e pais, servos e senhores podem ter novos relacionamentos fundamentados no poder de Cristo.

Em segundo lugar, *Cristo nos oferece um novo propósito*. O grande propósito da família é viver todos os relacionamentos para a glória de Deus (1Co 10.31), isto é, em nome de Cristo, dando por isso graças a Deus Pai (Cl 3.17). A única maneira correta de explicar Colossenses 3.18–4.1 é à luz de Colossenses 3.17.

Em terceiro lugar, *Cristo nos oferece novo modelo.* Como noivo da Igreja, Cristo é o modelo para os maridos, devotando o Seu amor espontâneo, perseverante, sacrificial, santificador e cuidadoso à Igreja. Como Filho, Jesus submeteu-se ao Pai Celestial (Fp 2.8), bem como aos seus pais terrenos (Lc 2.51). Como Senhor, Jesus serviu aos Seus discípulos, a ponto de lavar-lhes os pés (Jo 13.13-17). Cristo é o supremo exemplo para os nossos relacionamentos na família e no trabalho.

Em quarto lugar, *Cristo nos oferece uma nova ética.* A ética cristã não é recíproca. Não tem dois pesos e duas medidas. Não faz acepção de pessoas. Não é a ética de que todos os deveres estão de um lado só. Não há desequilíbrio nem injustiça. Há privilégios e responsabilidades para todos.

Paulo não realça o dever das esposas à custa do dever dos maridos, dos filhos a expensas dos pais, ou dos servos a expensas do dever dos senhores. Fora da Palavra de Deus não havia esse equilíbrio. Esse conceito de Paulo foi revolucionário, visto que no primeiro século as esposas, os filhos e os servos não tinham direitos.

William Barclay diz que, sob as leis e costumes judeus e gregos, todos os privilégios pertenciam ao marido e todos os deveres à mulher; no cristianismo, contudo, temos pela primeira vez uma ética de obrigações mútuas.[441] No mundo antigo, os filhos não tinham direitos. Os pais podiam deserdá-los, escravizá-los e até matá-los. No mundo antigo, um escravo era apenas uma coisa. Não existia um código de leis trabalhistas. O cristianismo revoluciona a vida social mostrando a reciprocidade dos direitos e responsabilidades.

Em quinto lugar, *Cristo nos oferece uma nova motivação*. A principal motivação da esposa, do filho e do servo é agradar ao Senhor Jesus. As três figuras que indicam submissão apontam para a dependência do Senhor (3.18,20,22-24): esposas, filhos e servos. Se somos servos de Cristo, por causa do Senhor devemos obedecer. Obviamente, essa obediência não é absoluta (At 5:29). O cristianismo ensina que todas as relações são *no Senhor*. William Barclay corretamente afirma que toda a vida cristã se vive em Cristo. Em toda relação pai-filho domina o pensamento da paternidade divina; devemos tratar nossos filhos como Deus trata Seus filhos e filhas. O que estabelece a relação patrão-empregado é que ambos são servos do único dono, o Senhor Jesus Cristo. O novo nas relações pessoais como as vê o cristianismo é que Jesus Cristo se introduz nelas como o fato que transforma e recria.[442]

Os princípios de Deus para o relacionamento conjugal (3.18,19)

Deus tem princípios que devem reger a postura da esposa e princípios que devem nortear a postura do marido. Não existe sobrecarga para um e alívio para outro. Não existe apenas ônus para um e bônus para o outro. Ambos, marido e mulher, têm privilégios e responsabilidades. Acompanhemos o ensino de Paulo.

Em primeiro lugar, *a submissão da esposa ao marido* (3.18). A submissão não é uma questão de inferioridade, visto que todos os cristãos precisam submeter-se uns aos outros (Ef 5.21). Tanto o homem como a mulher são um em Cristo (Gl 3.28). A submissão não é uma questão de valor pessoal, mas de função na estrutura familiar. Uma instituição não pode ser acéfala nem bicéfala. Um corpo sem cabeça ou com duas cabeças é anômalo.

Não se pode confundir submissão com "escravidão" ou "subjugação". A autoridade do marido não é um governo ditatorial ou tirano, mas sim uma liderança amorosa.[443] A posição de liderança do homem é apenas funcional. O homem não é melhor do que a mulher, nem a mulher é inferior ao homem. A mulher veio do homem, e o homem vem da mulher. Eles são interdependentes (1Co 11.11,12). Assim como Deus Pai é o cabeça de Cristo e Deus Pai não é maior do que Cristo, o homem não é maior do que a mulher.

Quero destacar três pontos acerca da submissão da esposa:

a. A submissão da esposa ao seu marido é uma ordem divina (3.18). "Esposas, sede submissas ao próprio marido". As ordenanças divinas não são para nos escravizar, mas para nos libertar. A submissão é a liberdade e a glória da esposa, assim como a submissão da Igreja a Cristo é Sua glória e liberdade. Os preceitos de Deus não nos escravizam, mas nos libertam. Um trem só é livre para correr quando desliza sobre os trilhos. Você só é livre para dirigir o seu carro quando o conduz segundo as leis do trânsito. A mulher só é verdadeiramente livre quando obedece ao princípio estabelecido por Deus da submissão ao marido. Essa submissão como já vimos não é escravidão. Ela não se submete a um tirano, mas a quem a ama como Cristo ama a Igreja. Nenhuma esposa tem dificuldade de ser submissa a um marido que a ama como Cristo amou a Igreja.

Fritz Rienecker afirma que a submissão, para Paulo, é voluntária e se baseia no reconhecimento da ordem divina.⁴⁴⁴ Russell Shedd entende que a submissão da esposa ao marido é uma atitude de respeito e valorização do marido, que redunda num desejo natural de servi-lo, apoiá-lo e obedecer-lhe.⁴⁴⁵

b. A submissão da esposa ao marido é uma atitude espiritual (3.18). "Esposas, sede submissas ao próprio marido, como convém no Senhor". A mulher deve submeter-se ao marido exatamente porque ela está debaixo do senhorio de Cristo. É impossível uma mulher ter uma relação de submissão a Cristo e de insubmissão ao marido. A submissão da esposa ao marido é um desdobramento da sua obediência a Cristo. Porque a mulher é submissa a Cristo, ela se submete ao marido. A versão NVI é mais clara no texto em tela: "Mulheres, sujeite-se cada uma a seu marido, como convém a quem está no Senhor". A versão King James ainda lança mais luz: "Mulheres, cada uma de vós seja submissa ao próprio marido, pois assim deveis proceder por causa da vossa fé no Senhor". Ralph Martin diz que a obediência a uma pessoa na sua hierarquia de importância é reflexo de um ato primário de obediência ao Senhor celestial, Cristo.⁴⁴⁶

c. A submissão da esposa ao marido não é absoluta (3.18). A mulher deve ser submissa ao marido até o ponto em que não seja forçada ou constrangida a transgredir a Palavra de Deus. Sua obediência a Cristo está acima de sua submissão ao marido. Acima da autoridade do marido está a soberania do Senhor. Por isso a esposa deve procurar fazer a vontade do marido quando esta coincidir com a vontade de Deus.⁴⁴⁷

Em segundo lugar, *o amor do marido à esposa* (3.19). Se a mulher deve submeter-se ao marido como a Igreja é submissa a Cristo, o marido deve amar a esposa como

Cristo ama a Igreja. O padrão deste amor, *ágape,* está claro em Efésios 5.25: "Como Cristo amou a Igreja e se entregou por ela". O amor do marido à esposa deve observar dois princípios.

a. O amor do marido à esposa é um claro mandamento de Deus. "Maridos, amai vossa esposa". O amor do marido à sua mulher é uma ordem divina. É algo imperativo. O marido deve amar a esposa como Cristo ama a Igreja, ou seja, com um amor perseverante, santificador, cuidadoso, romântico e sacrificial. O marido deve amar a esposa com um amor paciente, benigno e livre de ciúme. O amor verdadeiro não se ufana, não se ensoberbece, não se conduz inconvenientemente, não procura seus interesses, não se exaspera, não se ressente do mal; não se alegra com a injustiça, mas regozija-se com a verdade. Esse amor tudo sofre, tudo crê, tudo espera, tudo suporta e jamais acaba (1Co 13.4-8).

b. O amor do marido à esposa o impede de agredi-la com palavras e atitudes (3.19). "Não as trateis com amargura" refere-se à impaciência e aos resmungos que criam tensão no relacionamento, gerando logo desânimo.[448] Em vez de tratar a esposa com amargura, o marido precisa ser um bálsamo na vida dela, um aliviador de tensões, um amigo presente, um companheiro sensível que vive a vida comum do lar servindo-a e protegendo-a.

O marido não deve criticar a esposa nem agredi-la com palavras, antes deve elogiá-la tanto no recesso do lar (Ct 4.7) quanto publicamente (Pv 31.39). O marido deve buscar meios de agradar a esposa (1Co 7.33,34). Nada fere mais uma mulher do que palavras rudes. A versão King James é mais clara: "Maridos, cada um de vós ame sua esposa e não a trate com grosseria" (3.19). A palavra grega *pikraineste* traz a idéia de amargo, chato, irritante. Fala do atrito causado pela impaciência e "falação" impensada. Se o amor está ausente, a submissão não estará presente por causa dessa perpétua irritação.[449] Ralph Martin sugere que não havia uma causa da parte da esposa que ocasionasse aquele sentimento amargo do marido.[450] Paulo exorta aqui o marido rabugento, irritadiço, que faz tempestade em copo d'água.

O marido precisa ter palavras amáveis e atitudes generosas. Ele deve ser perdoador em vez de ter um arquivo vivo de lembranças doentias e reminiscências amargas.

Os princípios de Deus para o relacionamento entre filhos e pais (3.20,21)

Deus tem princípios importantíssimos para construir uma relação de harmonia e paz entre pais e filhos. Vamos examinar esses princípios.

Em primeiro lugar, *a obediência dos filhos aos pais* (3.20). "Filhos, em tudo obedecei a vossos pais; pois fazê-lo é grato diante de Deus". A versão NVI expressa essa idéia de forma mais clara: "Filhos, obedeçam a seus pais em tudo, pois isso agrada ao Senhor". Destacaremos pontos importantes na relação dos filhos com os pais.

a. A obediência dos filhos aos pais é imperativa (3.20). A autoridade dos pais é uma autoridade delegada por Deus. Por isso, rejeitar a autoridade deles é rejeitar a autoridade de Deus. A rebeldia ou desobediência aos pais é um grave pecado e traz conseqüências muito graves aos infratores. É como o pecado da feitiçaria. Os filhos que não aprendem a obedecer aos pais não obedecerão a nenhuma outra autoridade. A desobediência aos pais é um sinal da decadência do mundo (Rm 1.30). Também é um sinal do fim do mundo (2Tm 3.1-5). A força de uma nação deriva da integridade dos seus lares.

Warren Wiersbe está correto quando diz que o filho que não aprende a obedecer aos pais dificilmente se sujeitará a alguma autoridade quando adulto. Afrontará os professores, a polícia, os patrões e qualquer pessoa que tente exercer autoridade sobre ele. O colapso da autoridade em nossa sociedade reflete o colapso da autoridade no lar.[451]

b. A obediência dos filhos aos pais é abrangente (3.20). A obediência dos filhos aos pais deve ser integral, alegre e voluntária. Obediência parcial pouco difere de desobediência, e desobediência é rebelião.[452] Os filhos precisam obedecer "em tudo", e não apenas naquilo que lhes dá prazer. Muitos filhos seriam poupados de dores, lágrimas e perdas irrecuperáveis se tivessem obedecido a seus pais. A obediência pavimenta a estrada da bem-aventurança.

c. A obediência dos filhos aos pais é agradável a Deus. A obediência é agradável diante de Deus, visto que Ele mesmo já estabeleceu uma recompensa para essa obediência: vida bem-sucedida e longa sobre a terra (Êx 20.12; Dt 5.16; Ef 6.1-3). A relação de um filho não pode estar com bem com Deus se tiver truncada com os pais. Antes de construir uma relação de intimidade com Deus, precisamos pavimentar o caminho da nossa relação com os pais. Eu saí de casa para estudar aos 12 anos de idade. Meus pais sempre moraram na região rural. Aos 19 anos, fui para o seminário e aos 23 anos já tinha sido ordenado pastor. No entanto, jamais perdi o princípio da obediência aos meus pais. Essa atitude salvou-me algumas vezes de desastradas decisões. O filho não deve obedecer apenas quando tem vontade ou quando concorda com a decisão dos pais. Ele deve obedecer por princípio, sabendo que Deus honrará sua decisão de obedecer.

Em segundo lugar, *a comunicação dos pais com os filhos* (3.21). "Pais não irriteis os vossos filhos, para que não fiquem desanimados" (3.21). O apóstolo Paulo destaca no texto em apreço:

a. A forma da irritação (3.21). Os pais são exortados a não irritar os seus filhos. Quando isso acontece? 1) Quando não há coerência nos pais, ou seja, falam uma coisa e vivem outra. 2) Quando não há regras claras na disciplina, ou seja, os filhos são num momento elogiados e noutro disciplinados pela mesma atitude. 3) Quando não há diálogo – Absalão chegou ao ponto de preferir a morte do que o silêncio do pai. 4) Quando há injustiça ou excessiva severidade. 5) Quando os pais não têm tempo para ouvir, orientar e ajudar os filhos em suas necessidades. 6) Quando os pais comparam um filho com outro e despertam entre eles ciúmes, inveja e ódio. 7) Quando pai e mãe entram em conflito acerca da maneira de orientar os filhos. 8) Quando os pais são permissivos ou duros demais com os filhos. 9) Quando os pais brigam o tempo todo ou desfazem os laços do casamento pelo divórcio.

Há pais que, por serem liberais, empurram os filhos para o abismo da permissividade e da licenciosidade. Por outro lado, há pais que são tão rígidos, dogmáticos e severos na disciplina que os filhos estão condenados a conviver com um espírito cheio de apatia e de revolta. Russell Shedd diz que o caminho cristão é disciplinar com amor e perdão, seguindo o modelo de Deus (Ef 6.4; Hb 12.4-12).[453]

b. A gravidade da irritação (3.21). Os pais que irritam os filhos pecam contra Deus porque se insurgem contra os princípios estabelecidos por Ele; e pecam contra os filhos porque destroem a vida emocional e espiritual deles, em vez de educá-los com amor e sabedoria. Warren Wiersbe diz que os pais que não conseguem disciplinar a si mesmos não são capazes de disciplinar os filhos. Só quando os pais se sujeitam um ao outro e ao Senhor é que podem exercer autoridade espiritual e física apropriada e equilibrada sobre os filhos.[454]

Ralph Martin diz que a palavra grega *erethzein*, "irritar", sugere um desejo de irritar os filhos ou pela implicância, ou, ainda mais sério, por zombar dos seus esforços e ferir seu respeito-próprio.[455] Há pais que agridem os filhos fisicamente e outros que os agridem psicologicamente.

c. O resultado da irritação (3.21). Filhos irritados são filhos desanimados, e filhos desanimados ficam expostos aos ataques de Satanás e do mundo. Quando uma criança não é devidamente encorajada em casa, procura auto-afirmação em outros lugares. A palavra grega *anthumosin*, "desanimar, perder a coragem, o ânimo", traz a idéia de desempenhar suas tarefas de modo mecânico, frio, sem atenção e sem prazer em realizá-las.[456]

Os pais precisam dosar disciplina e encorajamento. Há filhos que pensam: "Não importa o que eu faça, jamais conseguirei agradar aos meus pais". Então, eles ficam desanimados. Um exemplo disso é o filho que chega em casa eufórico e diz para o pai: "Consegui tirar 90 na prova de Matemática". E o pai, sem vibrar com sua conquista, diz: "E quando é que você vai tirar 100?" Creio que atitude melhor seria aquela do pai que na mesma circunstância diz ao filho: "Meu filho, estou vibrando com sua grande nota, mas quero lhe dizer que, se você tivesse tomado bomba na prova, eu ficaria triste, mas o meu amor por você seria o mesmo. Eu amo você não apenas por aquilo que você alcança, mas por quem você é".

Filhos desanimados são presas fáceis na rede Satanás. John Starkey foi um violento criminoso. Ele assassinou a própria esposa. Foi preso e executado. Pediram ao general William Both, fundador do Exército da Salvação, para fazer o ofício fúnebre. Ele, mirando aquela triste multidão, disse: "John Starkey jamais teve uma mãe de oração".[457]

Os princípios de Deus para o relacionamento entre servos e senhores (3.22- 4.1)

Ralph Martin diz que a Igreja nasceu numa sociedade em que a escravidão humana era uma instituição aceita, sancionada pela lei e parte do arcabouço da civilização greco-romana. O problema não era da aceitação da instituição em si, nem de como reagir a uma exigência pela sua abolição, mas, sim, da maneira como os escravos aceitavam sua posição, e do tratamento que os donos cristãos de escravos deviam dar aos escravos sob seu controle. Nenhuma chamada é publicada para derrubar o sistema da escravidão. Paulo não oferece nenhum apoio à violência como meio para terminar a escravidão. Isso seria uma medida suicida e profundamente prejudicial à disseminação do evangelho no primeiro século. O tempo não era propício à solução deste intrincado problema. Tendo em isto em mente, podemos compreender melhor o texto em apreço.[458]

Leiamos o que escreveu o apóstolo:

> Servos, obedecei em tudo ao vosso senhor segundo a carne, não servindo apenas sob vigilância, visando tão-somente agradar homens, mas em singeleza de coração, temendo ao Senhor. Tudo quando fizerdes, fazei-o de todo o coração, como para o Senhor e não para homens, cientes de que recebereis do Senhor a recompensa da herança. A Cristo, o Senhor, é que estais servindo; pois aquele que faz injustiça receberá em troco a injustiça feita; e nisto não há acepção de pessoas. Senhores, tratai os servos com justiça e com eqüidade, certos de que também vós tendes Senhor no céu (3.22–4.1).

Paulo fala aos cristãos escravos e aos senhores de escravos também cristãos. O apóstolo está sendo absolutamente revolucionário ao colocar a responsabilidade dos senhores no mesmo nível da responsabilidade dos escravos. Aos olhos de Deus, empregados e patrões, empresários e trabalhadores, têm o mesmo valor. Deus não faz acepção de pessoas. O conselho do apóstolo Paulo era: "Foste chamado sendo escravo? Não te preocupes com isso; mas se ainda podes tornar-te livre, aproveita a oportunidade. Porque, o que foi chamado no Senhor, sendo escravo, é liberto do Senhor; semelhantemente o que foi chamado sendo livre, é escravo de Cristo" (1Co 7.21,22). Embora Paulo não tenha combatido o regime de escravatura institucional do Império Romano, e isso para não impedir o avanço do evangelho, o germe da liberdade contido no evangelho haveria de aniquilar a instituição da escravatura e estimular a conquista de todas as liberdades humanas.[459]

Veremos alguns princípios fundamentais que devem reger o relacionamento dos servos e dos senhores.

Em primeiro lugar, *a obediência dos servos aos seus senhores* (3.22-25). Havia mais de sessenta milhões de escravos no Império Romano. A maioria da igreja era composta de escravos. William Hendriksen está correto quando diz que em nenhuma parte da Escritura se afirma que a escravidão em si mesma é uma ordenança divina como o matrimônio (Gn 2.18), a família (Gn 1.28), o dia do repouso (Gn 2.3) ou o governo humano (Rm 13.1).[460] E, por isso mesmo, não agrada ao Senhor que um homem seja o dono de outro.

Paulo não aconselhou rebelião aberta dos escravos contra seus senhores, mas tratou de mudar a estrutura social por meios pacíficos (Cl 4.9; Fm 16).[461] A revolução espiritual transformou a tessitura social e acabou com a escravidão.

Os servos precisam ter espírito de serviço, obediência, fidelidade e sinceridade.

Vamos destacar os aspectos da obediência dos servos aos seus senhores:

a. Ela é um preceito divino (3.22). A Palavra de Deus estabelece ordem nas estruturas sociais. A anarquia não é própria do mundo criado por Deus, nem da sociedade orientada por Sua Palavra. O nosso Deus é Deus de ordem e decência.

b. Ela deve ser integral e ampla (3.22). A ordem de Paulo é: "Obedecei em tudo". O servo deve ser íntegro em todas as áreas de seu caráter e do seu trabalho. O empregado cristão precisa ser uma pessoa confiável. Ele não pode "fazer cera" no trabalho nem subtrair do seu patrão coisa alguma. Precisa ser absolutamente honesto.

c. Ela deve ser sincera (3.22). O apóstolo Paulo acrescenta: "... não servindo apenas sob vigilância ...". O empregado cristão não pode fazer corpo mole e ser relaxado no trabalho. Ele precisa trabalhar com alegria, com integridade, e dar o melhor do seu tempo, do seu esforço e do seu talento na sua atividade sem precisar ser cobrado ou vigiado. A palavra grega *ofthalmodoulia* significa trabalhar às vistas de, ou seja, só fazer o serviço que pode ser visto. A palavra também pode ter a idéia de "só trabalhar quando o chefe está observando".[462] Ralph Martin diz que a ética na qual Paulo insiste é a da verdadeira motivação. O escravo deve ser diligente em suas tarefas, ainda que ninguém esteja ali para observá-lo e depois recompensá-lo por seu serviço esforçado. O trabalho deve ser feito de modo desinteressado, sem desejo de impressionar e assim galgar favor com o chefe.[463]

d. Ela deve ser espiritual (3.23). Paulo diz que o servo deve fazer do seu trabalho uma liturgia de adoração a Deus.

Diz o apóstolo: "Tudo quanto fizerdes, fazei-o de todo o coração, como para o Senhor e não para homens [...] A Cristo, o Senhor, é que estais servindo" (3.23,24). Todo o trabalho é digno se o fazemos de forma honesta e todo o trabalho é espiritual se o fazemos para o Senhor.

e. Ela deve ser galardoada (3.24,25). O empregado que trabalha com zelo e integridade será galardoado. A recompensa pode até não vir do patrão, mas certamente vem do Senhor Jesus. O apóstolo Paulo declara: "Cientes de que recebereis do Senhor, a recompensa da herança. A Cristo, o Senhor, é que estais servindo" (3.24). Russell Shedd diz que o obreiro ou trabalhador deve estar consciente de que quem realmente paga o seu salário, *antapodosin,* "recompensa", não é seu patrão, mas o Senhor. Evidentemente, esse "pagamento" será futuro, na volta de Jesus Cristo. Essa recompensa será "a herança" (3.24), incluindo o direito de gozar plenamente os benefícios da vida celestial.[464]

O empregado cristão deve ser o melhor funcionário de uma empresa. Deve ser modelo e exemplo para os outros trabalhadores. Seu bom nome vale mais do que riquezas. Ele trafega do campo para o templo com a mesma devoção. Toda a sua lida é litúrgica, pois faz do seu trabalho um tributo de glória ao Senhor.

Por outro lado, o empregado infiel assim como o patrão injusto não ficarão impunes. Eles receberão de volta a injustiça feita. O seu mal cairá sobre sua própria cabeça. Eles colherão o que plantaram. O apóstolo Paulo é categórico: "Pois aquele que faz injustiça receberá em troco a injustiça feita; e nisto não há acepção de pessoas" (3.25).

Em segundo lugar, *o dever dos senhores com os seus servos* (4.1). Após falar da dedicação dos servos, Paulo volta sua atenção aos senhores. "Senhores, tratai os servos com justiça e com eqüidade, certos de quem também vós tendes Senhor no céu" (4.1). Paulo combate aqui a exploração dos servos e empregados pelos seus senhores e patrões. Destacamos três pontos para nossa reflexão:

a. A exploração desagrada a Deus (4.1). Os senhores precisam tratar os servos com justiça e eqüidade. Explorar os empregados, sonegar-lhes o salário (Tg 5.4-6), oprimi-los, ameaçá-los (Ef 6.9) ou tratá-los como seres inferiores é um grave pecado contra Deus. Russell Shedd diz corretamente que o maior dentre os homens não passa de um mordomo, administrando o que não lhe pertence.[465] O patrão cristão não é aquele que busca as filigranas da lei para explorar seus empregados, mas aquele que lhes paga um salário justo e lhes dá condições dignas de trabalho. O patrão justo não é aquele que oprime e ameaça seus empregados com palavras duras, mas aquele que elogia e incentiva os seus trabalhadores.

b. A exploração produz transtornos sociais (4.1). A exploração dos servos e empregados é algo abominável aos olhos de Deus e também dos homens. Deus escuta a voz do salário do trabalhador retido com fraude (Tg 5.1-6). Deus ouve o gemido do trabalhador explorado. Há muitas pessoas vivendo na miséria, na pobreza extrema, porque a força de seus braços foi explorada até o esgotamento, e nunca foi valorizada nem recompensada. Há muito trabalho escravo ainda no mundo contemporâneo. Há muitas empresas que ainda exploram seus trabalhadores de maneira aviltante.

No sistema globalizado, mais de 50% das riquezas do mundo concentram-se nas mãos de pouco mais de cem empresas particulares. Essas empresas querem mais do seu dinheiro e do seu tempo. Elas são gulosas e insaciáveis. Elas exploram e sugam. Deus abomina essa cultura da exploração e da riqueza concentrada (Is 5.8), que explora o trabalhador sem lhe dar a devida recompensa.

Paulo dá uma ordem aos senhores e patrões: "Tratai os servos com justiça e eqüidade" (4.1). Justiça quer dizer respeitar integralmente os méritos do trabalhador, que tem, garantido pelo Criador, o direito de receber uma justa porcentagem do fruto do seu trabalho (1Co 9.7-9; 1Tm 5.18). Eqüidade, por sua vez, significa a obrigação de garantia da maior igualdade possível entre todos os que fazem o mesmo serviço ou desempenham uma função de igual responsabilidade. Não é da vontade de Deus que os chefes façam acepção de pessoas ao lidar seus subordinados, porque o próprio Deus usará de um único padrão para julgar e galardoar os Seus servos.[466]

c. A exploração é um atentado contra o senhorio de Cristo (4.1). Os senhores precisam entender que também estão debaixo do senhorio de Cristo. Eles também prestarão contas de sua administração a Jesus. Eles também são mordomos de Deus e estão sob o Seu justo julgamento. Se senhores e escravos reconhecem que devem obediência ao único Senhor, então ambos têm em mãos o padrão verdadeiro para sua conduta uns para com os outros.[467]

Notas do capítulo 11

[436] WIERSBE, Warren W. *Comentário bíblico expositivo*, p. 185.
[437] FALCÃO, Silas Alves. *Meditações em Colossenses*, p. 193.
[438] WIERSBE, Warren W. *Comentário bíblico expositivo*, p. 185.
[439] HENDRIKSEN, William. *Colosenses y Filemon*, p. 195.
[440] BARCLAY, William. *Filipenses, Colosenses, I y II Tesalonicenses*, p. 171-173.
[441] BARCLAY, William. *Filipenses, Colosenses, I y II Tesalonicenses*, p. 172.
[442] BARCLAY, William. *Filipenses, Colosenses, I y II Tesalonicenses*, p. 173.
[443] WIERSBE, Warren W. *Comentário bíblico expositivo*, p. 185.
[444] RIENECKER, Fritz e ROGERS, Cleon. *Chave lingüística do Novo Testamento Grego*, p. 431.
[445] SHEDD, Russell. *Andai nele*, p. 79.
[446] MARTIN, Ralph P. *Colossenses e Filemom*, p. 130.
[447] SHEDD, Russell. *Andai nele*, p. 79.
[448] SHEDD, Russell. *Andai nele*, p. 79.
[449] RIENECKER, Fritz e ROGERS, Cleon. *Chave lingüística do Novo Testamento Grego*, p. 431.
[450] MARTIN, Ralph P. *Colossenses e Filemom*, p. 131.
[451] WIERSBE, Warren W. *Comentário bíblico expositivo*, p. 187.
[452] FALCÃO, Silas Alves. *Meditações em Colossenses*, p. 199.
[453] SHEDD, Russell. *Andai nele*, p. 80.
[454] WIERSBE, Warren W. *Comentário bíblico expositivo*, p. 187.
[455] MARTIN, Ralph P. *Colossenses e Filemom*, p. 131.
[456] RIENECKER, Fritz e ROGERS, Cleon. *Chave lingüística do Novo Testamento Grego*, p. 431.
[457] WIERSBE, Warren W. *Comentário bíblico expositivo*, p. 186,187.
[458] MARTIN, Ralph P. *Colossenses e Filemom*, p. 132.
[459] FALCÃO, Silas Alves. *Meditações em Colossenses*, p. 204.
[460] HENDRIKSEN, William. *Colosenses y Filemon*, p. 201.
[461] HENDRIKSEN, William. *Colosenses y Filemon*, p. 201.
[462] RIENECKER, Fritz e ROGERS, Cleon. *Chave lingüística do Novo Testamento Grego*, p. 431.
[463] MARTIN, Ralph P. *Colossenses e Filemom*, p. 133.
[464] SHEDD, Russell. *Andai nele*, p. 81.
[465] SHEDD, Russell. *Andai nele*, p. 82.
[466] SHEDD, Russell. *Andai nele*, p. 82.
[467] MARTIN, Ralph P. *Colossenses e Filemom*, p. 135.

Capítulo 12

Busque as primeiras coisas primeiro
(Cl 4.2-18)

PAULO ESTÁ PRESO, algemado, no corredor da morte, na ante-sala do martírio, com o pé na sepultura, com a cabeça perto da guilhotina de Roma, mas não está inativo. Da cadeia ele comanda a obra missionária. Hoje, vemos criminosos e traficantes comandando o crime organizado e o narcotráfico da prisão. Estes são agentes da morte; Paulo era o embaixador da vida.

Paulo fecha as cortinas desta carta e dá suas últimas instruções. Ele fala sobre a necessidade de buscar as primeiras coisas primeiro. Duas verdades são destacadas para a nossa consideração.

Busque as coisas mais importantes primeiro (4.2-6)

Vivemos numa sociedade que inverteu os valores. As pessoas se esquecem de Deus, amam as coisas e usam as pessoas. Paulo diz que devemos adorar a Deus, amar as pessoas e usar as coisas. Quais são as coisas mais importantes que devemos buscar?

Em primeiro lugar, *a primazia da oração* (4.2-4). A oração é o oxigênio da alma, o canal aberto de comunicação com Deus, a fonte da vida. William Hendriksen diz que a oração é a expressão mais importante da nova vida. Ela é o meio pelo qual podemos obter para nós e para outros a satisfação das necessidades, tanto físicas como espirituais. Também é a arma divinamente estabelecida para combater os sinistros ataques do diabo e seus anjos, o veículo pelo qual confessamos nossos pecados e o instrumento pelo qual as almas agradecidas expressam espontânea adoração ante o trono de Deus.[468]

Quais são as características dessa oração?

a. A oração deve ser perseverante (4.2). "Perseverai na oração..." (4.2a). A igreja não pode deixar de orar. O fogo no altar não pode apagar-se. Warren Wiersbe diz que, se não houver fogo no altar, o incenso não subirá a Deus (Sl 141.2).[469] O fogo tem quatro características: ele ilumina, aquece, purifica e alastra. Quando o fogo do Espírito aquece nosso coração, desse altar sobe um suave incenso à presença de Deus. Se não alimentarmos o fogo, o altar de oração da nossa vida cobre-se de cinzas, isso porque ou o fogo se alastra, ou se apaga. A Igreja deve orar sem cessar (1Ts 5.17). A Igreja deve orar sempre sem nunca esmorecer (Lc 18.1). A Igreja apostólica perseverou unânime em oração (At 1.14).

b. A oração deve ser vigilante (4.2). "... vigiando ..." (4.2b). A vigilância é o contrário de um espírito sonolento, letárgico, desligado dos problemas e perigos que nos cercam.[470] Devemos orar e vigiar como Neemias (Ne 4.9). Jesus alertou para a necessidade de orar e vigiar (Mc 13.33; 14.38). Pedro não vigiou e dormiu no Getsêmani. Porque dormiu usou a arma errada, na luta errada, e obteve um resultado errado. Porque não vigiou, seguiu a Jesus de longe e negou seu Senhor com juramentos e praguejamentos. A oração demanda energia e vigilância. Orações frias e rotineiras não atendem nossas necessidades. Precisamos vigiar para não descuidarmos da oração e também para que elas não se tornem mecânicas e repetitivas. O diabo lutará para nos afastar da oração ou para nos empurrar a uma rotina de oração fria e inócua. Destacamos o que John Nielson escreveu: "Não temos de vigiar a nós mesmos, o que seria deprimente; não temos de vigiar Satanás, o que nos distrairia; não temos de vigiar nossos pecados, o que seria desanimador; mas temos de manter nosso olhar fixo em Cristo".[471]

c. A oração deve ser gratulatória (4.2). "... com ações de graças" (4.2c). O agradecimento é uma das marcas do verdadeiro cristão (1.3,12; 2.7; 3.15,17; 4.2). Paulo estava preso, mas com o coração cheio de gratidão. Seus pés estavam no tronco, mas sua mente permanecia no céu. Nada destrói mais a vida de oração do que a murmuração. O deleite na soberana providência divina nos faz descansar e põe nos nossos lábios orações de louvor. O louvor não é resultado da vitória, mas a causa da vitória. Quando louvamos a Deus, Ele desbarata os nossos inimigos (2Cr 20.22)

d. A oração deve ser intercessória (4.3). "Suplicai, ao mesmo tempo por nós..." (4.3). O apóstolo tinha consciência da necessidade de oração. Ele sabia da importância da oração. A oração é a chave que abre portas grandes e oportunas

(1Co 16.9) para divulgar o evangelho.[472] Devemos orar uns pelos outros. Devemos orar pela obra missionária. Devemos orar especificamente pelos missionários a fim de que Deus os use nas diferentes circunstâncias em que se encontram. Podemos tocar o mundo inteiro pela oração. Pela oração tornamo-nos cooperadores com Deus na Sua obra. O altar está conectado com o trono. As orações que sobem do altar para o trono descem do trono para a terra em termos de intervenções soberanas de Deus na História.

William Barclay diz, acertadamente, que havia muitas coisas pelas quais Paulo podia ter pedido oração: pela libertação de sua prisão; por um resultado favorável em seu julgamento; por um pouco de descanso e paz no final dos seus dias. Mas Paulo só pede a igreja para orar para que ele tenha força e oportunidade de realizar a obra que Deus o havia encarregado de fazer.[473]

Em segundo lugar, *a supremacia da Palavra* (4.3,4). Paulo não pede que se abram as portas da prisão, mas que se abram as portas do ministério (At 14.27; 1Co 16.9). "... para que Deus nos abra porta à palavra, a fim de falarmos do mistério de Cristo, pelo qual também estou algemado; para que eu o manifeste, como devo fazer" (4.3,4). Para o apóstolo, era mais importante ser um ministro fiel do que um homem livre.[474] Paulo está preso, mas a Palavra de Deus não está algemada. Em suas orações da prisão, sua preocupação não é ser libertado ou estar em segurança pessoal, mas ser usado por Deus na pregação.

Paulo está na prisão por causa do mistério de Cristo (Ef 3.1-13). Esse mistério envolve o propósito de Deus na salvação dos gentios (At 22.21,22). Paulo deseja que Deus o abençoe exatamente no assunto que o levou à prisão. Ele não tinha nenhuma intenção de desistir do seu ministério ou de mudar sua mensagem. Quando John Bunyan foi preso em Bedford, na Inglaterra, no século 17, por pregar ilegalmente em praça pública, as autoridades lhe disseram que o libertariam se ele prometesse deixar de pregar. "Se eu sair da prisão hoje", respondeu Bunyan, "amanhã, com a ajuda de Deus, estarei pregando o evangelho novamente".[475]

Paulo fez da cadeia o seu púlpito e disse para a igreja que, quando ela orava em seu favor, estava associando-se a ele no ministério da pregação. Um homem visitava o tabernáculo de Charles Spurgeon, em Londres, acompanhado deste ungido pregador, que lhe mostrava o local.

— Gostaria de ver a casa de força deste ministério? — perguntou Spurgeon, levando o visitante para um auditório no piso inferior.

— É deste lugar que vem nossa energia, pois enquanto estou pregando no andar de cima, centenas de pessoas de minha congregação estão orando nesta sala.[476]

É de se admirar que Deus abençoava Spurgeon quando ele pregava a Palavra?

Temos aproveitado as adversidades da vida para pregar a Palavra? Paulo ganhou os soldados da guarda pretoriana para Cristo enquanto estava na prisão (Fp 4.22).

Em terceiro lugar, *a urgência do testemunho* (4.5,6). O testemunho do evangelho aos perdidos deve observar os seguintes critérios:

a. Devemos portar-nos com sabedoria para com os de fora (4.5a). "Portai-vos com sabedoria para com os que são de fora..." (4.5). Isso diz respeito à nossa conduta diária. As pessoas do mundo nos observam. Não podemos ser tropeço para elas. Nosso viver deve ser irrepreensível: palavras, comportamento, namoro, casamento, negócios, estudo, trabalho, testemunho. O andar e o falar na vida do cristão precisam estar em harmonia. A expressão "os de fora" equivale ao termo rabínico que denotava aqueles que pertenciam a outras religiões, e é usada para aqui para referir-se àqueles que não são cristãos.[477]

b. Devemos aproveitar as oportunidades (4.5). "... aproveitai as oportunidades" (4.5b). Devemos aproveitar as oportunidades para anunciar as boas-novas do evangelho para as pessoas. A palavra grega *kairós*, traduzida por "oportunidades", não quer dizer tempo marcado em "minutos", "horas" e "dias", mas uma porta aberta para o serviço do evangelho.[478] Precisamos ter uma palavra boa e certa para cada circunstância. Paulo aproveitou a sua prisão em Roma para evangelizar a guarda pretoriana e para escrever cartas às igrejas. O verbo na frase grega "aproveitai as oportunidades" é tirado diretamente da linguagem comercial do mercado (em grego, *agora*). O grego *exagorazomenoi*, onde o prefixo *ex* denota uma atividade intensa, aponta para o aproveitamento de todas as oportunidades (*kairos*). "Aproveitar" é "fazer pleno uso de". A mordomia do tempo como sendo um bem de Deus, com valor inestimável, é o ensino aqui, com uma chamada a investir nossas energias em ocupações que serão um testemunho positivo e atraente aos que estão fora do convívio da igreja.[479]

c. Devemos ter a palavra certa na hora certa (4.6). "A vossa palavra seja sempre agradável, temperada com sal, para saberdes como deveis responder a cada um" (4.6). A palavra do cristão precisa ser sempre verdadeira, oportuna, edificante e agradável. O cristão não pode ser rude na palavra. Sua palavra precisa ser temperada com sal, ou seja, nem insípida nem muito salgada. A expressão "temperada foge dos dois extremos: ela não pode ser nem insossa nem salgada. Sal demasiado é tão ruim quanto pouco ou nenhum sal.⁴⁸⁰ Não basta ganhar uma discussão, precisamos ganhar as pessoas para Cristo.

Cultive relacionamentos importantes (4.7-18)

O apóstolo Paulo não fez uma carreira solo; ele trabalhou em equipe. Paulo tinha muitos colaboradores. Seu *staff* era composto de homens e mulheres que trabalharam com zelo e dedicação para que o ministério de Paulo alcançasse seus propósitos. Paulo elenca um rol de pessoas que estiveram com ele e outros que, mesmo a distância, contribuíram para o seu apostolado. Ele fala de três judeus, Aristarco, Marcos e Jesus Justo, e de três gentios, Epafras, Lucas e Demas. Vamos agora analisar mais detalhadamente alguns traços da biografia desses colaboradores de Paulo.

Em primeiro lugar, *Tíquico, o cristão que serviu outros* (4.7,8). Tíquico foi um dos portadores da carta de Paulo aos efésios (Ef 6.21) e aos colossenses (4.7,8). Por certo Tíquico e Onésimo levaram também a carta de Paulo a Filemom. Ele deveria informar à igreja a situação de Paulo na prisão, trazer informações dos irmãos para Paulo e também fortalecer aqueles cristãos na fé. Posteriormente, Paulo enviou Tíquico a Creta (Tt 3.12) e, em seguida, a Éfeso (2Tm 4.12). Paulo fala de algumas características desse homem.

a. Ele era um homem amável (4.7). Paulo o chama de "irmão amado". Ele tornava a vida das pessoas melhor. Tinha a disposição de abençoar. Era um aliviador de tensões. As pessoas viviam melhor pelo fato de relacionar-se com ele.

b. Ele era um homem prestativo (4.7). Ele era um "fiel ministro", um *diácono*, um servidor íntegro. Tíquico ministrou a Paulo e em lugar de Paulo. Sua bandeira era servir, e não ser servido. Sua disposição era ajudar os outros, e não ser servido pelos outros.

c. Ele era um homem que trabalhava em equipe (4.7). Tíquico não era apenas um servo, mas um "conservo no Senhor". Servia não apenas a Cristo, mas também aos irmãos. Tinha a capacidade de servir com outros servos e a outros servos. Warren Wiersbe diz que Tíquico não escolheu o caminho fácil, mas o caminho certo.[481] É bom ter gente de Deus do nosso lado, como Tíquico, quando as coisas ficam difíceis.

d. Ele era um consolador (4.8). Paulo escreve: "Eu vo-lo envio com o expresso propósito de vos dar conhecimento da nossa situação e de alentar o vosso coração". Tíquico tinha a capacidade de alentar e consolar as pessoas. Era um encorajador. Suas palavras eram bálsamo. Suas ações terapêuticas. A língua de Tíquico era medicina. Suas palavras traziam cura!

Em segundo lugar, *Onésimo, o cristão que, mesmo sendo escravo, se tornou livre* (4.9). "Em sua companhia, vos envio Onésimo, o fiel e amado irmão, que é do vosso meio. Eles vos farão saber tudo o que por aqui ocorre" (4.9). Onésimo era um escravo de Filemom na cidade de Colossos. Antes de sua conversão, havia fugido da casa do seu senhor e ido parar em Roma. Naquele tempo havia cerca de sessenta milhões de escravos no Império Romano. Um escravo era considerado propriedade do seu senhor. Não era visto como uma pessoa, mas como um instrumento de trabalho. Onésimo foi em busca de liberdade, mas acabou capturado pelo Senhor Jesus. Por providência divina, Onésimo parou na prisão onde está Paulo e ali o veterano apóstolo o gerou entre algemas, ganhando-o para Cristo (Fm 10). Sua vida mudou. Mesmo sendo escravo, conheceu a verdadeira liberdade.

Agora, Paulo o devolvia ao seu senhor, não como escravo, mas como irmão amado. O nome Onésimo significa "útil".

Paulo roga que Filemom o receba como alguém que lhe seria útil, como um filho.

Onésimo corrigiu seu passado e se tornou colaborador do apóstolo Paulo e portador de boas notícias. Deixou de ser um escravo rebelde e fugitivo para ser um fiel e amado irmão.

Em terceiro lugar, *Aristarco, o cristão amigo na tribulação* (4.10). "Saúda-vos Aristarco, prisioneiro comigo..." (4.10a). Aristarco era de Tessalônica (At 20.4). Foi companheiro de prisão e de trabalho de Paulo (4.10). Era companheiro de Paulo em suas viagens (At 19.29). Arriscou sua vida voluntariamente na conspiração contra Paulo em Éfeso (At 19.28-41). Acompanhou Paulo na viagem de navio para Roma (At 27.2), o que significa que também passou pela tempestade e naufrágio que Lucas descreve de maneira tão vívida em Atos 27.[482] Ele estava ao lado de Paulo, não importava qual fosse a situação: na revolta em Éfeso, na tempestade para Roma e, agora, na prisão em Roma. Ele era daquilo tipo de amigo que não foge quando as coisas ficam difíceis.

Em quarto lugar, *Marcos, o cristão que resgatou sua reputação* (4.10). "... e Marcos, primo de Barnabé (sobre quem recebestes instruções; se ele for ter convosco, acolhei-o)" (4.10b). João Marcos foi o escritor do segundo evangelho. Era judeu, originário de Jerusalém, onde sua mãe, Maria, havia aberto a casa para os cristãos (At 12.12). Era primo de Barnabé e filho na fé de Pedro (1Pe 5.13). Marcos foi uma espécie de auxiliar de Barnabé e Paulo na segunda viagem missionária (At 13.5), mas, quando surgiram dificuldades, abandonou os dois evangelistas no meio do caminho e voltou para casa (At 13.5-13). Paulo se recusou a viajar com ele na segunda viagem missionária (At

13.36-41), mas Barnabé investiu em sua vida (At 15.37-40). Agora, preso em Roma, Paulo reconhece que Marcos lhe é útil (2Tm 4.11).

A vida de Marcos nos ensina que uma pessoa pode superar os seus fracassos. Seu exemplo encoraja aqueles que fracassaram em suas primeiras tentativas. Marcos é um monumento vivo de alguém que superou suas fraquezas e resgatou sua reputação. Warren Wiersbe diz corretamente que João Marcos é um incentivo a todos os que falharam na primeira tentativa de servir a Deus.[483]

Em quinto lugar, *Jesus Justo, o cristão que é bálsamo na vida dos outros* (4.11). "E Jesus, conhecido por Justo, os quais são os únicos da circuncisão que cooperam pessoalmente comigo pelo reino de Deus. Eles têm sido o meu lenitivo" (4.11). Jesus, chamado Justo, foi um cristão que deixou as fileiras do judaísmo para abraçar o cristianismo. As cerimônias e os ritos judeus não conseguiram preencher os anseios da sua alma. Ele não apenas se tornou um cristão, mas também veio a ser um dos colaboradores da obra missionária. Nada sabemos sobre esse cristão além deste texto. Ele é símbolo de uma multidão de cristãos fiéis que servem a Deus no anonimato. Porém, duas coisas sabemos a seu respeito:

a. Ele foi um cooperador de Paulo (4.11). Esse judeu convertido cooperou pessoalmente com Paulo, mesmo sabendo que o apóstolo estava preso por causa do seu ministério destinado aos gentios. Como judeu, deve ter recebido resistência e até hostilidade por dar suporte a Paulo em seu trabalho missionário junto aos gentios. Ele não mediu as conseqüências nem regateou esforços para cooperar pessoalmente com Paulo.

b. Ele foi um aliviador de tensões (4.11). Esse judeu convertido, com Aristarco e Marcos, foi um lenitivo para o apóstolo Paulo nos anos turbulentos da sua prisão em Roma. Jesus, chamado Justo, era um amigo consolador, uma bálsamo de Deus na vida do apóstolo Paulo. Era o tipo de homem que tornava a vida das pessoas mais amena nas horas da dor. Jesus Justo representa os cristãos fiéis que servem ao Senhor, mas cujas obras não são anunciadas pelo mundo afora. Todavia, o Senhor tem um registro preciso da vida desse homem e o recompensará apropriadamente.[484]

Em sexto lugar, *Epafras, o cristão que orava e agia* (4.12,13). Vejamos o relato de Paulo a seu respeito:

> Saúda-vos Epafras, que é dentre vós, servo de Cristo Jesus, o qual se esforça sobremaneira, continuamente, por vós nas orações, para que vos conserveis perfeitos e plenamente convictos em toda a vontade de Deus. E dele dou testemunho de que muito se preocupa por vós, pelos de Laodicéia e pelos de Hierápolis (4.12,13).

Epafras foi o fundador da igreja de Colossos (1.7,8), bem como das igrejas de Laodicéia e Hierápolis (4.13). Ele viajou para Roma para estar com Paulo, mas não cessava de orar pela igreja. Dos colaboradores de Paulo mencionados nesta lista, é o único elogiado por seu ministério de oração.[485] Quais eram as marcas de sua oração?

a. Ele orou constantemente (4.12). Epafras não pôde ministrar à igreja, mas pôde orar pela igreja e o fez sem cessar. Muitos começam a orar, mas não permanecem.

b. Ele orou intensamente (4.12). A palavra usada "sobremaneira" é agonia. É a mesma palavra usada para descrever a oração de Jesus no Getsêmani. Essa palavra grega era usada para descrever atletas empenhando-se ao máximo em sua modalidade.[486]

c. Ele orou especificamente (4.12). Seu propósito era que as igrejas (Colossos, Laodicéia e Hierápolis) fossem maduras espiritualmente, conhecendo e vivendo dentro da vontade de Deus.

d. Ele orou sacrificialmente (4.13). Epafras muito se preocupava com as igrejas. Havia um fardo em seu coração e ele levava essa causa diante de Deus em oração.

Em sétimo lugar, *Lucas, o cristão que cuidava do corpo e da alma* (4.14). "Saúda-vos Lucas, o médico amado" (4.14). Lucas era gentio, médico, historiador e missionário. Possivelmente, foi o único escritor da Bíblia não judeu. Ele escreveu o evangelho de Lucas e o livro de Atos dos apóstolos. Uniu-se a Paulo em suas viagens missionárias em Trôade (At 16.10). Esse fato é verificável, pois Lucas, o autor de Atos, passa a usar os verbos na primeira pessoa do plural ("nós") a partir daquele ponto da narrativa.[487] Viajou com Paulo tanto para Jerusalém (At 20.5-16) como para Roma (At 27.1-8). Lucas permaneceu com Paulo até o fim (2Tm 4.11). Lucas, além de médico amado, era também um lenitivo para o apóstolo Paulo. Ele cuidava do corpo e também da alma. Terapeutizava o corpo e também lancetava os abcessos da alma.

Possivelmente Lucas acompanhou o apóstolo Paulo como seu médico pessoal, uma vez que Paulo tinha um espinho na carne que muito o atormentava. Mesmo sendo um homem usado por Deus para curar muitos enfermos, Paulo mantinha um estreito contato com Lucas, a quem chamava de "médico amado".

Em oitavo lugar, *Demas, o cristão que se desviou* (4.14). "... e também Demas" (4.14b). O único nome dessa longa lista que não recebe nenhum elogio é Demas. Ele é mencionado apenas três vezes nas cartas de Paulo, e essas referências falam de uma triste história: 1) Ele é chamado de "meu cooperador" e associado a três homens de Deus: Marcos,

Aristarco e Lucas (Fm 24); 2) Ele é simplesmente chamado de Demas, sem nenhuma palavra de identificação, elogio ou recomendação. É simplesmente Demas e nada mais (4.14b); 3) Ele se transforma num desertor espiritual: "Porque Demas tendo amado o presente século me abandonou" (2Tm 4.10).[488] William Barclay diz que seguramente temos aqui os débeis traços de um processo de degeneração, perda de entusiasmo e naufrágio da fé. Estamos diante de um dos homens que perdeu a maior oportunidade da sua vida.[489]

João Marcos abandonou Paulo na primeira viagem missionária, mas mudou de conduta e tornou-se uma bênção novamente para Paulo e para o reino de Deus. Mas Demas amou o mundo e se perdeu. Na verdade, Demas não era um homem convertido. Ele saiu do meio do povo de Deus, porque na verdade não pertencia a esse povo (1Jo 2.19).

Em nono lugar, *Ninfa, a crente que abriu as portas da sua casa para a igreja* (4.15,16). "Saudai os irmãos de Laodicéia, e Ninfa, e à igreja que ela hospeda em sua casa" (4.15). Ninfa não apenas abriu o coração para Jesus, mas também sua casa para a igreja. Havia uma igreja que se reunia em sua casa. Ele colocou o seu lar a serviço do Reino de Deus. Esse expediente era vital para a expansão do evangelho e o estabelecimento das igrejas, uma vez que os templos cristãos só começaram a ser construídos no terceiro século depois de Cristo.

Existia a igreja que se reunia na casa de Áqüila e Priscila em Roma e em Éfeso (Rm 16.5; 1Co 16.19); existia a igreja que se reunia na casa de Filemom (Fm 2). Na Igreja primitiva, igreja e casa eram uma mesma coisa. Ainda hoje, cada lar deveria ser também uma igreja de Jesus Cristo.[490]

Paulo recomenda a leitura desta carta à igreja de Laodicéia e que sua carta à igreja de Laodicéia fosse lida à igreja de

Colossos: "E, uma vez lida esta epístola perante vós, providenciai por que seja também lida na igreja dos laodicenses; e a dos de Laodicéia, lede-a igualmente perante vós" (4.16). Paulo tenta fomentar unidade e comunhão das igrejas por meio do intercâmbio das epístolas dirigidas às igrejas.[491]

Grandes debates têm-se travado acerca do destino desta carta de Paulo aos laodicenses. Alguns eruditos defendem a tese de que seja a carta aos Efésios ou de Filemom, uma vez que essas três cartas foram escritas da sua primeira prisão e todas elas enviadas pelo mesmo mensageiro. Também há grande similaridade entre as cartas aos efésios e aos colossenses. Elas são consideradas cartas gêmeas.[492] Outros defendem a tese de que esta carta se perdeu, e há aqueles que crêem que se tratava de uma carta pessoal do apóstolo, mas não inspirada.

Em décimo lugar, *Arquipo, o cristão que precisava de encorajamento* (4.17). "Também dizei a Arquipo: atenta para o ministério que recebeste no Senhor, para o cumprires" (4.17). Paulo envia um conselho ao jovem Arquipo, possivelmente filho de Filemom e Ápia e pastor da igreja de Colossos. O ministério é recebido de Deus e feito pelo poder de Deus. Paulo lembra Arquipo que seu ministério era uma dádiva de Deus e que ele era um despenseiro de Deus; como tal, um dia teria de prestar contas de seu trabalho. O termo "cumprir" dá a idéia de que Deus tem propósitos claros a serem realizados por Seus servos. Sua obra em nós e por meio de nós completa as boas obras que Ele preparou para nós (Ef 2.10).[493] A glória e a felicidade do pastor residem no cumprimento do seu ministério.[494]

Até aqui Paulo ditou a carta. Agora ele assina de próprio punho com uma saudação e uma súplica. "A saudação é de próprio punho: Paulo. Lembrai-vos das minhas algemas. A graça seja convosco" (4.18). Graça é o favor imerecido do Senhor, é a suma da mensagem do evangelho. É a oração final de Paulo pelos cristãos colossenses.

Essa é a saudação do mártir, diz Werner de Boor.[495] Paulo está preso a Cristo como também preso por Roma.[496] Por que Paulo roga à igreja que eles se lembrem de suas algemas? Porque suas algemas eram a evidência do seu amor a Cristo e aos perdidos.

Silas Alves Falcão relata o testemunho de um jovem japonês que lança luz ao tema em apreço e com o qual encerramos esta exposição:

> Um jovem japonês estava contemplando o sagrado monte Fuji-Yama, numa atitude de adoração fervorosa. Um viajante cristão que o observava, delicadamente, lhe perguntou por que se sentia desse modo emocionado, olhando para aquele monte. O jovem, então, lhe explicou que o monte era o símbolo do imperador, a quem amam mais do que a própria vida. Narrou para o cristão a história de alguns soldados na guerra que enfrentaram uma cerca de fios elétricos, que impedia a aproximação dos japoneses aos inimigos. O general chamou voluntários, e foi logo dizendo: "Esta chamada é a da morte. Cada homem irá sozinho, aproximando-se da cerca, às escondidas, e cortando um dos fios. A corrente elétrica o matará. A tarefa exige muitos homens, porém, quando este trabalho mortífero for terminado, o exército inteiro marchará sobre os vossos corpos para vencer o inimigo e assegurar a vitória para o vosso imperador". Concluindo a narrativa com um sorriso, o japonês disse: "E cada homem ao alcance da voz do general se oferece para essa tarefa sacrificial. Foi até difícil saber a quem escolher, tão ansiosos estavam para provar que amavam o seu imperador mais do que a próprias vidas. Se vós crentes amásseis o vosso Cristo como nós amamos o nosso imperador, conquistaríeis o mundo inteiro para ele, embora esse empreendimento custasse o preço de morte.[497]

Paulo foi um dos soldados que deu sua vida para conquistar o mundo para Cristo. Você também está disposto a fazer o mesmo?

Notas do capítulo 12

[468] HENDRIKSEN, William. *Colosenses y Filemon*, p. 207
[469] WIERSBE, Warren W. *Comentário bíblico expositivo*, p. 190.
[470] SHEDD, Russell. *Andai nele*, p. 83.
[471] NIELSON, John B. *Comentário bíblico Beacon*. Vol. 9. Rio de Janeiro: CPAD, 2006, p. 338.
[472] SHEDD, Russell. *Andai nele*, p. 83.
[473] BARCLAY, William. *Filipenses, Colosenses e I y II Tesalonicenses*. 1973, p. 177.
[474] WIERSBE, Warren W. *Comentário bíblico expositivo*, p. 191.
[475] WIERSBE, Warren W. *Comentário bíblico expositivo*, p. 191.
[476] WIERSBE, Warren W. *Comentário bíblico expositivo*, p. 192.
[477] RIENECKER, Fritz e ROGERS, Cleon. *Chave lingüística do Novo Testamento Grego*, p. 432.
[478] RIENECKER, Fritz e ROGERS, Cleon. *Chave lingüística do Novo Testamento Grego*, p. 432.
[479] MARTIN, Ralph P. *Colossenses e Filemom*, p. 138,139.
[480] FALCÃO, Silas Alves. *Meditações em Colossenses*, p. 225.
[481] WIERSBE, Warren W. *Comentário bíblico expositivo*. p. 194.
[482] WIERSBE, Warren W. *Comentário bíblico expositivo*, p. 195.

[483] WIERSBE, Warren W. *Comentário bíblico expositivo,* p. 196.
[484] WIERSBE, Warren W. *Comentário bíblico expositivo,* p. 196.
[485] WIERSBE, Warren W. *Comentário bíblico expositivo,* p. 198.
[486] WIERSBE, Warren W. *Comentário bíblico expositivo,* p. 197.
[487] NIELSON, John B. *Comentário Bíblico Beacon,* p. 342.
[488] WIERSBE, Warren W. *Comentário bíblico expositivo,* p. 198.
[489] BARCLAY, William. *Filipenses, Colosenses e I y II Tesalonicenses.* 1973, p. 182.
[490] BARCLAY, William. *Filipenses, Colosenses e I y II Tesalonicenses.* 1973, p. 182.
[491] BOOR, Werner de. *Carta aos Efésios, Filipenses e Colossenses,* p. 382.
[492] FALCÃO, Silas Alves. *Meditações em Colossenses,* p. 236.
[493] WIERSBE, Warren W. *Comentário bíblico expositivo,* p. 199.
[494] FALCÃO, Silas Alves. *Meditações em Colossenses,* p. 239.
[495] BOOR, Werner de. *Carta aos Efésios, Filipenses e Colossenses,* p. 382.
[496] NIELSON, John B. *Comentário Bíblico Beacon,* p. 343.
[497] FALCÃO, Silas Alves. *Meditações em Colossenses,* p. 245,246.

Sua opinião é importante para nós. Por gentileza, envie seus comentários pelo e-mail editorial@hagnos.com.br

Visite nosso site: www.hagnos.com.br

Esta obra foi impressa na Imprensa da Fé.
São Paulo, Brasil.
Verão de 2020.